回话 有招

天天学点口才学

3 分钟学会

让谈话更深入
让聊天更开心
让谈判能双赢

吴 阳 ◎ 著

人人都用得上的口才必修课
一开口就赢得好感的口才秘籍

北方妇女儿童出版社
· 长春 ·

图书在版编目（CIP）数据

每天学点口才学 / 吴阳著. -- 长春 : 北方妇女儿
童出版社，2019.3（2024.10重印）
　　ISBN 978-7-5585-3235-1

　　Ⅰ.①每… Ⅱ.①吴… Ⅲ.①口才学—通俗读物
Ⅳ.①H019-49

中国版本图书馆CIP数据核字（2018）第291306号

每天学点口才学

出 版 人	师晓晖	
封面设计	艺和天下	
责任编辑	张晓峰	
开　　本	32	
印　　张	6	
字　　数	145千字	
印　　刷	河北松源印刷有限公司	
版　　次	2019年3月第1版	
印　　次	2024年10月第4次印刷	
出　　版	北方妇女儿童出版社	
发　　行	北方妇女儿童出版社	
地　　址	长春市福祉大路5788号龙腾国际出版大厦A座	
电　　话	编辑部：0431-81629613	

定　　价	45.00元	

前 言

　　漫漫人生路，我们每个人都不可能脱离社会，生活在一个与世隔绝的空间里，不管我们想拥有怎样的人生，实现怎样的梦想，不可避免地要与人沟通。社会的发展离不开沟通，更不可或缺的便是人与人之间的交流。交流可以让我们从陌生到熟络，让存在误会的朋友冰释前嫌。由此我们可以看出沟通的重要性，而口才便是良好沟通的基础。我们唯有练就良好的口才，成为一个能说会道的人，才能在社会上更好地立足。

　　著名学者王了一说过："说话是最容易的事，也是最难的事。最容易，因为三岁的孩子也会说话；最难，作为最擅长辞令的外交家也有说错话的时候。"口才是一门学问，更是一门艺术。一句恰如其分的话，可以改变一个人的命运；一句不合时宜的话，可以毁掉一个人的一生。有的人说起话来，娓娓动听，使人听了全身筋骨都感觉舒畅；有的人说起话来，锋芒锐利，令人感觉十分恐惧；有的人说起话来，虚伪客套，一开口就让人感到讨厌。

　　好口才能更好地辅助你展现自己的才华，体现风度和气质，这样会让他人更加关注你并且喜爱你；好口才亦能帮助你驰骋职场，赢得领导的青睐；好口才还能缩短人们心灵间的距离，促进彼此的交往。口才对于一个人的成功有着举足轻重的作用。良好的口才可以把你的想法准确无误地传达给其他人，为你带来机遇；并且，一些口才中的小技巧可以使你在面临语言的刁难时将其化解，解除你的困境。或许你认为成功的人不一定都具备良好的口才，但拥有好的口才绝对有益于成功。良好的口才是成功的催化剂，它能够提高成功的可能性，在关键时刻发挥至关重要的作用。其实我们不难发现，在日常生活中的一些小演讲中，也许一个口才出众的人，讲话的内容平淡无奇，但大家都会被他强大的气场所吸引，让人印象深刻。而一个没有口才的人即使讲着多么精彩的内容，也很难吸引众人的目光。

阅读本书，能让你扩大交际范围，在不同的场合，面对不同的人群，说好想说的话，说好难说的话，提高说话技巧。

C目 录
CONTENTS

第一章
口才资本

好口才是成功的翅膀

事业的成功与失败，往往决定于某一次谈话。在富兰克林的自传中有这样一段话：

我在自我约束的时候，曾有一张美德检查表。当初那表上只列着12种美德。后来，一个朋友告诉我，说我有些骄傲，这种骄傲常在谈话中表现出来，使人觉得盛气凌人。于是我立刻注意这位友人给我的忠告，我相信这样足以影响我的前途。然后我在检查表上特别增加了"虚心"一项，我决定竭力避免说出一切直接触犯别人感情的话，甚至禁止自己使用一切确定的词句，像"当然""一定""不消说"……，而以"也许""我想""仿佛"……来代替。

富兰克林又说："说话和事业的进展有很大的关系。你如果出言不逊，跟别人争辩，那么，你将不可能获得别人的同情、别人的合作、别人的助力。"这是千真万确的。所以，你想获得事业上的成功，必须具有能够应付一切的口才。

要使别人瞧得起自己，首先要自己瞧得起自己，决不可露出乞怜的样子。你可以谦逊，但决不可谄媚。你不可单是唯唯诺诺，使人觉得你一无可取之处。你发表意见时不可肆意批评别人；更不可告诉对方说你的计划一定成功，如果雇佣你，必可使业务发展等的话。这些事情只能让对方心里称许，不应由自己说出。自夸必连带着固执，这种态度只会使人厌恶。去访问一个人，把目的简单地说出之后，你就应该告辞。即使环境许可你逗留一些时间，你也应该立刻把话题转到别处。

应聘工作的晤谈，最重要的是表现自己的资格和能力，打肿脸充胖子的行为是不宜的，只能瞒骗一时。如果应聘工作的晤谈令你胆战心惊，那么这也许是你深深地明白自己肚子里究竟有几滴墨水的缘故。工作晤谈不同于社交拜会，不宜摆出一副安逸的姿态。谈话的范围要守在一定的界限内，不要谈办公室的陈设，不要谈对方的一身装束。应聘晤谈时间有一定的限制，你必须把你的资格和能力浓缩表达，在一个很短的时间内将其交代清楚，所以这时就是检验你所受训练、教育及能力如何的关键时刻。

在工作上，要能胜任并心情愉快，不要摆出一副冷面孔，尽量减少情绪上的困扰及不切实际的空想。你可以和同事谈谈工作上所需要的知识，谈谈工作上的经验，要诚心诚意，不存任何成见。在一块儿工作的人，必须彼此敬重、关心，互道平安，态度温和。我们要彼此坦诚相待，心中有话，必定直言不讳。我们在团队精神的表现上尤应具有高境界。

失言是常有的事，此时不要虚张声势，除非你遭遇的情势已牵涉到别人的情感问题。这样，你应该立即承认自己犯了错误。你认错就不会致使情况恶化，而且你很可能还有所收获。

现在有勇气说"我错了"的人已经不多了，因此，敢于说"我错了"就能赢得尊重。这样无心的错误，还不难让人谅解。更有一种错误，几乎不能让人原谅。那便是，我们最好不要公开取笑任何人的缺点。如果你已犯了这种错误，那么就勇敢地认错或道歉并请求对方宽恕，然后闭上嘴巴。

内涵深厚才能妙语连珠

口才反映一个人的道德修养、学识水平和思辨能力。要想使自己的语言具有艺术魅力，光靠技巧是不够的，一味地追求技巧而忽略自身的素质培养只能是舍本逐末。因此，我们在学习语言技巧的同时，还应全面提高自身的学识修养。

有人说：在这个世界上，我们唯一可以依靠的人就是我们自己。而好的口才，也在于平时我们自己的积累和锻炼，所谓"厚积薄发"是有一定道理的。因为言语是以生活为内容的，有生活、有实践经验，才有谈话的内容；有丰富的生活内容，有丰富的实践经验，谈话的内容才能丰富起来。因此，对于家事、国事，都要经常关注，以吸取对我们有用的东西。对于所见所闻，都要加以思考、研究一番，尽量去了解其发生的过程、意义，从中悟出一些道理。

这些都是学习和积累知识的机会。在日常生活中，要随时计划、安排、改进生活，不能随意性太强，让机会白白溜掉。

你若不安于做一个井底之蛙，就应静下心来努力地学习，拓展自己的视野。你若不想说话空洞无物，就应下决心积累大批的、雄厚的、扎实的知识，武装自己的头脑，让自己说话的内容丰富起来。

下面介绍一些积累素材的方法。

1. 多读书多看报

日常生活中，我们每天都离不开报纸、杂志和书。在读书看报时，准备一支笔、一些卡片纸和一把剪刀，把所见到的好文章或让自己心动的话语标记出来，或者摘抄在卡片上，或剪下来。每天坚持做，哪怕一天只记一两句，也是很有意义的。日积月累，在谈话的时候，会不经意地用上曾抄下来的语句，也许它们会随时随地地从你的头脑里冒出来，让你尽情地谈吐，给你一个意外的惊喜。

2. 积累警句、谚语

在听别人的演讲或谈话时，经常能听到表现人类智慧的警句和谚语。把这些话在心中重复一遍，记在本子上，久而久之，你谈话的题材、资料就越来越多，你的口才就会越来越好了，你就可以说起话来条理清楚，出口成章。

3. 积累谈话素材

对于谈话的题材和资料，一方面要认真吸收，另一方面要好好地运用。懂得如何运用，一句普通的话也可以带给你惊人的效果。学习的目的是很好地应用，不能应用的学习是毫无意义的。

4. 提高观察问题、思考问题的能力

只要你有观察问题时尖锐的眼光，有丰富的学识和经验，

有丰富的想象力、强烈的敏锐感，就能提高口才。

随着口才的提高，你的生活也将丰富多彩，整个人的个性品质和各方面的能力都会提高，从而成为一个社交高手。

想有好口才必须敢说

在公众面前讲话时感到恐惧和怯场是一种较为普遍的现象。20世纪80年代，美国的心理学家曾进行过一次有趣的测验，题目是："你最害怕的是什么？"测验的结果竟然是"死亡"名列第二，而"当众演讲"却名列榜首。有41％的人对在公众面前讲话比做其他事情感到恐惧。可见，在大多数人看来，当众讲话是一件令人害怕的事情。

一位代表本单位参加演讲比赛的年轻姑娘，一站到讲台上，脸就涨得通红，双腿微微颤抖，说话的声音变调，呼吸也显得急促起来。她刚说了几句就忘词了。她越发感到恐惧，好像所有人的目光都像利箭一样射向她。她想尽快躲避，但又不甘心临阵脱逃。她不能当众出丑，给本单位丢脸，可她唯一能感觉到的是心跳加快，而脑子里一片空白，早已背熟的语句全都飞得无影无踪。她放弃了这次演讲，跑回自己的座位坐下。直到比赛结束，她也没敢把头抬起来。

一位即将毕业的研究生，作为见习老师第一次登上讲台，当学生起立，师生互致问候时，他想好的开场白不知跑到哪儿去了。惊慌中，他用颤抖的声音说了句："同学们，再见！"同学们莫名其妙，面面相觑，见老师满脸通红，不知所措，不由得哄堂大笑。他努力让场面安静下来，但换来的不是镇静，而是脑门儿上涔涔的汗珠。当他下意识地掏出"手帕"揩汗时，台下又是一阵哄堂大笑。这是为什么？经一位学生暗示，他才发现自己手里拿的不是手帕，而是一只袜子——真该死！大概是昨晚洗脚时，不知怎么鬼使神差地把袜子装进衣兜了。他想避开几十双眼睛的注视，抓起板擦擦黑板，然而整个课堂闹得翻了天。他窘得无法自控，无地自容，只好跑下了讲台，慌乱中一抬脚又踢翻了讲台旁的热水瓶。

纵览古今中外，很多政治家、演说家最初都有过怯场的经历。就拿林肯来说，他当年在演讲台上窘迫不已，恐惧得甚至连一句话都说不出来，直到被轰下台去。但他并未就此消沉下去，而是勇敢地面对现实，勤讲多练，绝不放过每一次讲话机会，演讲水平日益提高。后来他的就职演讲被誉为最精彩的总统就职演讲之一。

例如，雅典著名的演讲家狄里斯，在最初走上演讲台时，尽管经过周密细致的思索，作了充分的准备，但仍然遭到了失败。极度的恐惧让他语无伦次，别人不知他在说什么。但他并没有就此灰心泄气，丧失信心，而是比过去更努力地训练自己的讲话胆量。他每天跑到海边，对着岩石呐喊，向着浪花抒怀；回到家里对着镜子做发声练习，反复矫正，坚持不懈。经过几年的努力，功夫不负有心人，他终于成功了，被誉为"历史的雄辩家"。可见，克服恐惧是演讲成功者的必备素质，是迈向卓越口才的第一步。为此，平时做一些抗怯场练习，是非常有好处的。

这里推荐美国著名魅力专家都兰博士发明的抗怯场练习的几种方法，供选择使用。

1. 追蝴蝶练习

在登台前最后一刻做，效果最好。

（1）双脚分开站立，与肩相齐，膝微屈，挺背，双臂放松垂于身体两侧。

（2）不必刻意呼吸，边"呜"边做蹦跳，一共10次，尽量用力，"呜"声要短、急、用力。每次"呜"完，双拳向下猛砸。

（3）放松，闭嘴，缓慢深呼吸。

（4）"嘶嘶"吸气，微张嘴，弯腰至膝，蹲于地。重复3遍，做缓慢深呼吸。

2. 摇来摆去练习

（1）双腿分开站立（与肩相齐），同时摆动身躯、脖子和头，先向右，再向左。

（2）让双臂自由摆动，随身体转来转去，最后双臂放松地围住双肩。

（3）在摆动时，尽可能大声叫："我不在乎！"

（4）如此反复，也可叫："不，我不在乎！"或"你能奈我何！"重复几十次。

（5）身体摆动时，保证头随身体转。

（6）尽可能轻松自在地去做。

3. 空手劈柴练习

（1）双足分开约40厘米，屈膝，握拳，手放两边，嘴唇紧闭。深呼吸三次后抬臂高举过头。

（2）"哗啦"一声，双手用力地劈下，并尽可能放喉大声叫喊："哈哈哈哈哈哈哈！"（屈膝）

（3）尽可能用劲地重复5次。

4. 劈柴动作练习

（1）两腿分开约35~45厘米，脚尖向前，两膝轻松放直，攥紧双手。

（2）吸气，摆动紧握着的手，高抬过头。

（3）把举起的手摆下来，猛向前屈，吐气。手下来时，大叫一声"哈"。（屈膝）

（4）吸气，再举手。

（5）重复上述动作，做10次或20次。

注意：吸气时要闭着嘴，直到你的手下摆时叫"哈"，这样就可吸进更多氧气，练习就更有效。

5. 蒸汽机练习

（1）双脚分开与肩齐，站在那里，屈膝，将头抬起，闭嘴，右臂后拉，左臂前伸，尽量用力，同时深呼吸。

（2）左右臂换个方向，重复上述动作，节奏要平稳。

（3）开始要慢，随后要越来越快，持续做3~5分钟。记住要闭着嘴。

6. 心怀世界练习

（1）吸气，感觉你像是在扩张，张开双臂，拥抱整个世界。伸展四肢，感觉你的心脏是世界的扩充与展开。

（2）至少坚持一分钟以上，让世界置于你的怀抱中，手放胸前，双手轻抵。

（3）如此重复4次，把消极的意念都去除掉。努力去喜欢这个世界，把它容纳进来，放在心上，化恨为爱。

7. 减压练习

（1）站在门槛上，手掌挤着两边门框，鼓气用力。面部、头部、脖子会有热血上涌。尽量多坚持一会儿。

（2）突然完全放松。

（3）深呼吸。

（4）重复3遍。

胸中有墨才能说得远

如果你能和任何人谈上十分钟并使对方产生兴趣，你便是很好的交际人物了。因为人的范围是很广的，也许是个工程师、法学家，或者是个教师，又或者是个艺术家、采矿工人。

总之，无论是三教九流，还是各种阶层的人物，你若能和他谈上十分钟使他感兴趣的话，真是不容易。不过不论难易，我们都要设法打通难关，常见许多人因为对于对方的事业毫无认识而相对漠然，这是很痛苦的。其实如果肯下功夫，这种不幸情形就可减少，甚至做个不错的交际家也并非难事。"工欲善其事，必先利其器"，虽是一句老话，但直到现在仍然适用，所以要充实你自己的知识。

一个胸无点墨的人，当然不能希望他在说话中应对如流。学问是一个利器，有了这利器，一切皆可迎刃而解。你虽不可能对各种专门学问皆做精湛的研究，但是所谓的常识却是必须要具有的。有一般的常识，倘若能巧妙地运用起来，那么应付任何人作十分钟的兴趣谈话，应该是不难的。你须多读书多看报，世界的动向、国内的建设情形、科学界的新发明和新发现、世界各地的地方特点或人物的特性以及艺术新作、时髦服饰、电影戏剧作品的内容等，皆可从每日的报刊和每月的杂志中看到。诚能如是，则应付于各种人物，自然胜任愉快。

美国科学家爱因斯坦乘车到某大学去讲授相对论。他的司机对他说："博士，我听您讲过相对论已经有三十多次了，您说的那些话，我都能背下来了……"

爱因斯坦笑着说："那太好了！今天，我戴上你的帽子充作司机，由你自称是爱因斯坦去讲课吧，反正这个学校的人都不认识我，我正好休息休息。"

于是，司机果然出色地讲了课。正当他要离开时，一位教授请他解答一个复杂的问题，司机想了一下说："这个问题太简单了，连我的司机都会解答，您不妨向他请教吧……"

这个故事不一定确有其事。然而，单纯分析这位司机的表现对我们认识口才与学识的关系很有启发。这位司机的"口才"，大概是不错的，所以，他能模仿爱因斯坦的言辞、语气，"出色地"代替爱因斯坦讲课。但是，这位司机并不具有爱因斯坦的学识。所以，当那位教授向他请教一个新的问题时，他"卡壳"了。可见，口才是要以学识为基础的。

诸葛亮的辩才是名垂青史的，尤其是他在赤壁之战中，舌战群儒和智激周瑜的故事更是脍炙人口。让我们看看他是怎样智激周瑜的：

江东孙权治理吴国时，内事不决问张昭，外事不决问周瑜。是战是和，周瑜是一个关键人物。面对这样一位年轻气盛的将领，诸葛亮背诵了曹操写的《铜雀台赋》，借用赋中"揽二乔于东南兮，乐朝夕之与共"的句子，作为曹操想夺孙策和周瑜二人的妻子（"二乔"中的大乔是孙策的妻子，小乔是周瑜的妻子）的证据，以此来激怒周瑜。周瑜听罢，勃然大怒，离座指北而骂曰："老贼欺人太甚！"接着，周瑜明确表示了抗曹的决心："望孔明助一臂之力，共破曹贼。"诸葛亮就这样圆满完成了联吴抗曹的使命。

在关键时刻，引用一首赋竟能有如此巨大的激励作用，实在令人赞叹。这个故事生动地证明，平时积累知识，适时适地、恰到好处地运用它，对于增进言辞的雄辩性是何等重要！诸葛亮平时若从未读过曹操的《铜雀台赋》，又怎能在与周瑜交谈之时用得上呢？

学识渊博者能在军国大计的决策中，起到一锤定音的作用，而在民间交往中，博学多才者的言辞也往往能博得满堂彩：

1924年5月8日，印度大诗人泰戈尔在北京度过了他64岁寿辰。北京学术界代表在东单三条协和礼堂为泰翁举行了祝寿仪式。

梁启超首先登上讲台，向这位须发皓然的老寿星致祝词："泰翁要我替他起一个中国名字。从前印度人称中国为'震旦'，如此二字原不过是中国的译音。如日之昇，如雷之震，这是何等境界？从前自汉至晋的古代高僧大都有中国姓名，多半以自己所来之国为姓，如安世高来自安息便姓安，支娄迦谶从月支来便姓支，康僧会从康居来便姓康，而从天竺——印度来的都姓竺，如竺法兰、竺佛念、竺法护都是历史上有功于文化的人。

今天我们所敬爱的天竺诗人在他所爱的震旦地方过他64岁的生日，我用极诚恳、极喜悦的心情，将两个国名联系起来，赠给他一个新名叫'竺震旦'。"

这时，全场大鼓掌。

梁启超接着说："我希望我们对于他的热爱，跟着这名字，永远嵌在他的心灵上，我希望印度人和中国人的旧爱，借'竺震旦'这个人复活起来！"

这番精彩的讲话中包含着丰富的历史文化知识，梁启超熟悉历史，不光熟悉古中国——震旦，也熟悉古印度——天竺，还懂得"泰戈尔"原文的含义，也就是所具有的外语知识，佛教知识和历史知识都十分丰富。这些引人入胜的史实文典与为泰戈尔命名这一话题有机地结合起来，妙趣横生，摇曳生姿，无怪乎引起"全场大鼓掌"这样轰动的表达效果。

"有知"之言摧枯拉朽，锐不可当，"无知"之言谬误百出，贻笑大方。

然而我们平时的言辞中往往由于知识不足而或多或少地闹出笑话或误会。因此，为了练就"三寸不烂之舌"，必须努力扩大自己的知识面。

鲁迅先生在给一位青年的信中说过这样一段名言："先前的文学青年，往往厌恶数学、理化、史地、生物学，以为这些都无足轻重，后来变成连常识也没有，研究文学固然不明白，自己做起文章来也糊涂，所以我希望你们不要放开科学，一味钻在文学里。"有志于提高自己说话水平的人，读了这段话后应有所启示吧。

如何提高说话的能力

有位美国政界要人曾说过，个性和口才的能力比外语知识和哈佛大学的文凭更为重要。的确，口才很重要。但你也许会说："我先天不足怕开口，见人就脸红，没口才。"那么，我们告诉你：朋友，这不要紧，路就在脚下。口才不会与生俱来，也不会从天而降，就像庄稼需要施肥、道路需要整修，口才也要培养。

一切美丽的花朵，都植根于沃土之中，离开了泥土，它就失去了养分；没有了泥土，它就会干枯、凋零。空中没有盛开的鲜花。

如果我们把口才也看作是百花园中的一朵鲜花，那么它扎根的沃土就是人的思想、知识、能力、毅力，离开了人的这些素质，那么口才也就成了一朵空中的花，一朵永远不会盛开的花。

崇高的思想、渊博的知识、远见卓识以及一定的记忆能力、较强的应变能力、持之以恒的毅力，这些都是我们培育"口才之花"的"养料"，离开了这些，练口才只能是一句空话。

1. 要有崇高的思想

大家或许都有过这样的体验，当一个自己言行欠佳的同学或老师批评你的时候，你的心里一定很不服气。甚至在心里说：你自己做得也不怎么样，有什么资格说我呢！你会感到这人言行不一。中国有句老话，叫作"近朱者赤，近墨者黑"，品德、修养恶劣的人带给别人的也只能是卑鄙的灵魂、低级的趣味，而且很难受到大多数人的欢迎。这就是一种人格力量。无论是演讲、谈话、论辩都可以说是一种向听众做宣传的活动，你的思想、品德、感情、修养都会在有意与无意中影响着听众的思想、品德、感情、修养。而演讲者、说服者只有具备了高尚的思想修养，他的话才具有说服力。身教胜于言教就是这个道理。

想必不少人听过曲啸的《心底无私天地宽》这个演讲。这个演讲之所以能打动人、教育人、感染人，是与曲啸本人的崇高品德分不开的，是与他热爱党、热爱人民的炽烈感情分不开的，也是与他坚定的共产主义信念分不开的。如果一个演讲者、一个论辩员没有高尚的思想修养做后盾，那么他的演讲、论辩是不可能成功的，其结果只能是台上他讲，台下讲他。

所以，我们要练口才，首先就要培养自己的思想美、心灵美、行为美，培养自己热爱祖国、热爱人民的高尚情操，学会使用正确的方法、立场去分析问题、解决问题，只有这样，你才能用美好的语言去感染听众、说服听众、宣传听众，你练就的口才也才能为人民服务，为祖国服务。

2. 要有渊博的知识

要想给别人一杯水，自己要有一桶水。这是一个普通的常识。我们要说给别人听，首先就得自己有。别小看演讲时的几分钟、论辩时的几句话，就这几分钟、几句话，需要我们有丰厚的知识积累。可以养成这样一个好习惯：准备一个小本子，把每天从报纸、杂志、课文中看到的观点和方法，好的词、句子都记录下来，有时间就拿出来看看，天长日久，就形成了自己的思想，有了自己的见解，也有了自己的词汇库。说起话来也就头头是道，也不觉得没词儿可说了，甚至常常能妙语惊人，这就是积累的结果。

3. 要有远见卓识

远见卓识是演讲者、交谈者、论辩者必须具备的一种素质。我们不论是演讲，还是谈话、论辩，面对的都是人，或是广大的听众，或是单个的个人。但不论是人多，还是人少，谁都不愿意去浪费时间听那些老掉牙的、人人皆知的陈词滥调。如果你总是人云亦云，从没有自己的见解、自己的观点，那么你永远也不会成为一名受人尊敬、受人欢迎的演讲者、谈话者和论辩者。你永远不可能征服你的听众。而要想自己的见识超群，见解独到，就要站得高，看得远，高瞻远瞩，言别人之未言，说别人之难说。但是，千万记住决不要去追求华而不实的噱头，决不要去哗众取宠。

4. 较强的应变力

著名相声演员马季，有一次到湖北省黄石市演出。在他表演之前，有一位演员错把"黄石市"说成了"黄石县"，引起了观众的哄笑。在笑声中，马季登台演出。他张口就说："今天，我们有幸来到黄石省演出……"这话把哄笑中的观众弄糊涂了。正当大家窃窃私语时，马季解释道："方才，我们的一位演员把黄石市说成县，降了一级。我在这里当然要说成省，给提上一级，这样一降一提，哈，就平啦！"几句话，引得全场哄堂大笑，马季机智巧妙地圆了场，使演出得以顺利进行。

马季能把场圆下来，关键还在于他有很强的应变能力。一个艺术家如此，一个演讲者、谈话者、论辩者也是如此。我们无论是演讲、谈话，还是论辩，都是在与听众进行感情交流，在进行信息传递。这就需要我们在演讲、谈话、论辩的过程中随时注意对方的变化，观察对方的表情，掌握听众的情绪，并要根据听众的反馈及时调整我们演讲、谈话、论辩的内容及角度，把听众不愿听而你又打算讲的东西删掉，加进一些听众感兴趣的内容，这没有较强的应变能力是做不到的。

另外，我们在与人交际、交流时，常常还会遇到一些意想不到的事情发生。比如你正在演讲时却有人起哄，正在交谈时却遭人抢白，你的辩词受到人们的反对，这一切都需要有从容镇定的应变力。所以，为了使你在窘境中能得到解脱，为了练就在任何情况下都能对答如流的口才，为了在社交场合免受尴尬之苦，为了你临危不乱，请培养应变能力吧。

5. 一定的记忆能力

记忆力也是演讲者、谈话者、论辩者的一项重要的素质。我们的演讲词、论辩词包括谈话的一些内容都是需要记忆的，通过记忆把演讲、论辩的内容储存在大脑中，登台演讲或进行交谈、论辩时，才能张口即来，滔滔不绝。如果记忆力不强，到了台上，一紧张就会丢三落四，甚至张口结舌。

我们在积累知识时也需要有较强的记忆力，否则，打开书什么都知道，合上书又什么都忘了，这样是不行的。

培养记忆力是要下点儿苦功夫的。记忆的方法有很多，我们可以从学习中寻找、总结一些记忆规律，供自己使用。也可以学习、借鉴他人的成功方法，如形象记忆法、数字记忆法、联想记忆法等。总之，我们只有过目成诵，才能出口成章。

6. 持之以恒的毅力

以上我们谈的几种练口才的素质，是必备的，但不是与生俱来的，而是后天的苦学、苦练得来的。"书山有路勤为径，学海无涯苦作舟。"西方也有一句格言："诗人是先天的，演说家是后天的。"确实，要练就一副悬河之口，非下一番苦功夫不可。

古希腊有一位卓越的演讲家德摩斯梯尼，年轻时有发音不清、说话气短、爱耸双肩的毛病。最初他的演讲很不成功，以致被观众轰下讲台。但德摩斯梯尼没有因失败、嘲笑、打击而气馁。他一方面博览群书、积累知识，一方面刻苦练习。为了练嗓音，他把小石子含在嘴里朗诵，迎着呼啸的大风讲话；为了克服气短的毛病，他故意一面攀登，一面不停地吟诗；为了克服耸肩，每次练习口才时他都在自己的双肩上方挂两柄剑，剑尖正对双肩，迫使自己随时注意改掉耸肩的不良习惯。他还在家中安装了一面大镜子，经常对着镜子练习演讲，以克服自己在演讲中的一些毛病。经过苦练，德摩斯梯尼终于成了世界闻名的大演讲家。

"宝剑锋自磨砺出，梅花香自苦寒来。"这就是德摩斯梯尼的成功给我们的启示。只要你持之以恒地勤奋学习，刻苦练习，那么你一定会成功，口才家、雄辩家的桂冠就一定能戴在你的头上。

第二章
口才定律

白德巴定律：能管住自己的舌头是最好的美德

不知道你有没有留意过这样一个奇怪的现象，那就是在人际沟通中，很多时候谁说的话越多，谁的话就越没分量。很多人都有这样一个认识误区：总以为话说得越多，在社交圈子里就会越成功，其实不然。要知道，言不在多而贵于精。那些信口开河、滔滔不绝讲话的人，无论走到哪里，无论谈话的对象是谁，都不会受到别人的欢迎。

有的时候，适当地少说话，不但可以突出自己言语的珍贵，更会引起对方的好奇心和信赖感。从这个角度来说，尼克松"一言九鼎"的少说话策略，无疑是一种明智的做法。说得越少，话就越有分量，越能给人一种稳重、踏实、可信赖的感觉。

1960年美国的总统选举，尼克松和肯尼迪是竞争对手。尼克松时任副总统之职，在开始时占绝对的优势，但选举的后期，肯尼迪扭转了形势，获得胜利。

1968年，尼克松再次竞选美国总统，他吸取了上次失败的教训，想要彻底改变自己的形象。这次选举对尼克松来说远比上次艰难，因为他必须首先打败洛克菲勒等强劲的对手，取得共和党的提名。所以尼克松在迈阿密的共和党大会中，尽量保持沉默稳重。

他说话时，除了强调"法和秩序"以及"尽力达到完美境地"外，绝口不提其他具体的政策，希望能借"一言九鼎"的策略，给人以信赖感，彻底改变之前的形象。最终，他成功了，他不仅以微弱的优势获得了共和党提名，而且在总统大选中，大败民主党对手，荣登美国总统宝座。

现实中，聪明人都会管好自己的嘴巴，不会说太多废话。很多时候，与人沟通的最佳方式，并不在于你说了多少，而在于你聆听了多少。真正的谈话高手，总是能够专心地听对方说话，并关注别人的内心感受。

一位外交官在初涉外交领域时曾带自己的太太去应酬，可他的太太在那些场合总是感到很别扭。她是个来自小地方的人，面对满屋子口才奇佳、曾在世界各地游历过的人，也感觉到了自卑。为了改变这个状况，她努力地找话题和他们聊天，不想只是听别人说话。结果可想而知，人人都在疏远她，没有一个人想与她交流。

有一天，她向一位讲话不多但深受欢迎的资深外交家吐露了自己的困扰。这位外交家说："你必须学会约束自己的嘴巴，没什么可讲时，就不要勉强。多听听别人说不是挺好的吗？相信我，善于聆听的人同样受欢迎。"后来，这位外交官的太太因自己沉默寡言的性格而让人觉得威严而庄重。

的确，没有重点的话再多说几遍也只是废话，不仅不能明确表达自己的态度，还会招人厌烦。在与人交流的时候，很多人的形象之所以受损，就在于他们没完没了地说，却根本没有说到重点。或者，他们的重点已经被其他喋喋不休的话语淹没，使得对方完全不知道他们要表达的主要意思。

可见，简洁的谈话有多么重要。言简意赅地表达我们的观点和立场，会给人留下办事利索、思维清晰、言谈精练、尊重他人的良好印象。这是人格魅力的最佳展示，也是白德巴定律在人际交往中的体现。

1994年7月17日，在法国政府大厦门前，37岁的洛朗·法比尤斯出现在众人面前，进行总理就职演说。他胸有成竹地说："新政府的任务是国家现代化，团结法国人民。为此，要求大家保持平静并表现出决心。谢谢大家。"当人们还等着听他往下讲时，他已经结束了演讲，转身回办公室去了。

洛朗·法比尤斯没有沿袭以往总理就职演说长篇大论的惯例，而是以短小精悍的演讲给人们留下了深刻的印象。而他在以后的工作中也雷厉风行，颇受欢迎。

那么，在人际交往中，怎样才能做到"话以稀为贵"，真正达到"管住自己舌头"的美德和境界呢？

1. 训练思维

反复对事物进行综合整理、逻辑分析，这样可以让自己尽快抓住事物的本质，然后试着把这些事物的本质归纳出来，注意语言精练。

2. 字斟句酌

平时，要养成字斟句酌的习惯，对字句进行反复推敲，审慎使用。

3. 学会用"重点标题"的模式思考谈话内容

所谓"重点标题"模式，就是把要说的话分成几个部分，每一个部分提炼出一个标题，熟记于心。这样讲起话来就会井井有条，不会出现离题万里的情况。

总之，如果你想成为一个交谈的高手，就得先学会少说多听，该说时说，不该说时就闭上自己的嘴巴，这样你才会受到他人的欢迎。

波特定律：批评宜曲不宜直

在日常生活中，我们常常会用到批评这种手段。尤其是在下属犯了错误时，有些领导者会严词批评一番，有时甚至将员工骂得狗血淋头。在他们看来，似乎这样才会起到杀一儆百的作用，才能体现规章制度的严肃性，才能显示出管理者的威严。

其实，这种批评方式不仅无法达到让他人改正错误的目的，而且有碍于人际关系，严重时甚至会毁掉一个人。而运用波特定律却可以使一个人在批评他人时，懂得如何顾全他人的面子，有效避免伤害其自尊和自信。

波特定律原是经济管理方面的术语，由美国心理学家莱曼·波特提出。本意是指当遭受许多批评时，下级往往只记住开头的一些，其余就不听了，因为他们忙于思索论据来反驳开头的批评。

正因为这个原因，在与人交际中，需要指出对方错误或在批评他人时，就必须照顾到被批评者的心理感受，注意批评的方式，以较为缓和的语气来表达自己的意见。因此，批评他人，宜曲缓而不是直接"放大炮"。

宋朝任益州知州的张咏，听说寇准当上了宰相，对其部下说："寇公奇才，惜学术不足尔。"这句话一语中的。张咏与寇准是多年的至交，他很想找个机会劝老朋友多读些书。

巧的是时隔不久，寇准因事来到陕西，刚卸任的张咏正好也从成都来到这里。老友相会，格外高兴。临别时，寇准问张咏："老兄，有什么可以指教的？"张咏对此早有所考虑，正想趁机劝寇公多读书。可是又一琢磨，寇准已是堂堂宰相，居一人之下，万人之上，怎么好直截了当地说他没学问呢？于是，张咏略微沉吟了一下，慢条斯理地说了一句："《霍光传》不可不读。"回到相府，寇准赶紧找出《汉书·霍光传》，从头仔细阅读，当他读到"光不学无术，闇于大理"时，恍然大悟，自言自语地说："此张公谓我矣！"当年霍光任过大司马、大将军要职，地位相当于宋朝的宰相，他辅佐汉朝立有大功，但是居功自傲，不好学习，不明事理，这与寇准有某些相似的经历。寇准读了《霍光传》，很快明白了张咏的用意。

张咏与寇准过去是至交，但如今寇准位居宰相，直接批评效果不一定好，而且传出去还会影响寇公的形象。批评太轻了，又不易引起其思想上的重视。在这种情况下，张咏的一句赠言"《霍光传》不可不读"，可以说是绝妙的。别看这仅仅是一句话，其实它能胜过千言万语。"不学无术"，这是常人难以接受的批评，更何况是当朝宰相，而张咏通过教读《霍光传》这个委婉的方式，就使寇准愉快地接受了自己的建议。正所谓："借他书上言，传我心中事。"

在生活和工作中，我们不可能没有批评，但要学会巧妙地批评，让他人既意识到自己的错误，同时也理解你善意批评的意图，使他内心对你心存感激。批评最好的方式就是暗示。

在社交时，如果我们能够巧妙而间接指出别人的错误，要比直接说出口来得温和，且不会引起别人的强烈反感。那些对直接批评会非常愤怒的人，间接地让他们去面对自己的错误，会有非常神奇的效果。

近因效应：最后一句话注注最能决定谈话效果

所谓"近因"，是指个体最近获得的信息。近因效应与首因效应相反，是指在多种刺激同时出现的时候，印象的形成主要取决于后来出现的刺激，即交往过程中，我们对他人最近、最新的认识占了主体地位，掩盖了以往形成的对他人的评价，因此，也称为"新颖效应"。

毕业生小林是个相貌平平的男孩儿，到一个单位参加面试，进考场后，考官只轻描淡写地问了他是哪个学校毕业的，是哪个地方的人等几个问题后，就说面试结束了。正当他要离开考场时，主考官又叫住他，说："你已回答了我们所提出的问题，评委觉得不怎么样，你对此怎么看？"小林立刻回答："你们并没有提可以反映出我的水平的问题，所以，你们也并没有真正地了解我！"考官点点头说："好，面试结束了，你出去等通知吧。"结果是录取通知书如期而至。

最近、最后的印象，往往是最强烈的，可以冲淡在此之前产生的各种因素，这就是"近因效应"。其实，考官第一次说面试结束，只是作出的一种设置，是对毕业生的最后一考，想借此考查一下应聘者的心理素质和临场应变能力。如果这一道题回答得精彩，大可弥补首因效应的缺憾；如果回答得不好，可能会由于这最后的关键性试题而使应聘者前功尽弃。

在社交活动中，近因效应也得到许多应用。比如你到饭店去吃饭，点了丰盛的酒水菜肴，酒足饭饱、快要结账的时候，服务员会给你免费送上一盘水果，这时你会感到很愉快。其实这是为了拉住你做他的"回头客"，下次再来光顾。

美国的航空公司服务精良，一路上让乘客都很满意，但下了飞机，乘客却要在行李处等候6分钟才能取到自己的东西。于是人们就抱怨，说航空公司服务质量差，运送行李的速度慢得令人难以忍受。后来有个心理学家出了个主意，他建议航空公司派人在乘客下机以后，马上热情地招呼他们跟随着去取行李。绕了一圈，走了7分钟的路，一到行李处，人们马上就拿到了行李，于是人们纷纷称赞航空公司的高效率。

其实这就是近因效应在起作用。相对来说，随着时间的流逝，前面发生的事容易被最近发生的事所湮没。这是一种心理误区，它使我们做出了与客观事实不完全一致的判断。尽管这种心理现象并非一种全面客观的评价，却是大多数人都存在的心理现象。

在日常的人际交往中，近因效应带给人们一些启示，我们要更好地利用它，创造良好的人际关系。

1. 做人说话要首尾一致

虽然首因效应强调了良好的第一印象可以给自己加分，但近因效应也让我们明白，与人交往时，最后一句话也决定着谈话效果。所以，交往中不仅要重视开头，也要注意有一个好的结尾。否则，再好的"第一印象"也无法保证"近因效应"的负面影响。

2. 说话语序不同影响效果

由于近因效应往往因为最后的一句话决定了整句话的调子，所以语序不同表达的效果也完全不同。有时尽管你有心讲出令人感到痛快的话，但是如果最后一句话是悲观的语调，整句话就呈现出悲观的气氛。

例如，向考生说："随便考上一个学校，应该没有什么问题吧？虽然录取率那么低。"或者说："虽然录取率那么低，总能考上一个学校吧？"这两句话的意思是一样的，只因语句排列的顺序不同，所以给人的印象全然不同。前者给人留下悲观的印象，后者则相反，给人一种乐观的印象。

3. 批评之后莫忘安慰

美国某职业棒球队的一位名投手，由于某个后进球员犯了不该犯的失误，气得他当场把棒球手套狠狠地摔在地上。然而在比赛结束之后，他还是上前拍拍那个后进球员的肩膀说："不要难过，我知道你也尽力了，好好加油吧！"这是一句多么适时而得体的安慰话。

因此，生活中，我们在不得不批评他人的时候，千万别忘了在批评之后加上一句："其实，你还是很不错的。"尽可能使它产生一个良好的近因效应。

鸟笼效应：要想不被别人反复提及，就得先行道破

鸟笼效应是一个著名的心理现象，提出者是近代杰出的心理学家詹姆斯，其内容是：如果你挂一个漂亮的鸟笼在房间里最显眼的地方，过不了几天，你一定会做出下面两个选择之一：把鸟笼扔掉，或者买一只鸟回来放在鸟笼里。其含义是要想不被别人反复提及，就得先行道破。

鸟笼效应来源于一个有趣的故事：

1907年，著名心理学家詹姆斯于哈佛大学退休了。闲来无事，他去好朋友物理学家卡尔森家里走访。这天，二人开玩笑般的打了一个赌。

詹姆斯说："老伙计，我一定会让你不久就养上一只鸟的。"卡尔森笑着摇头："我不信！因为我从来就没有想过养一只鸟。"

过了几天，恰逢卡尔森生日，詹姆斯送上了他的礼物——一只精致的鸟笼。卡尔森笑纳了："我只当它是一件精美的工艺品。"

然而从此以后，每逢有客人到访，看到卡尔森书桌上那个精致的、空荡荡的鸟笼，便会问："教授，您养的鸟什么时候死了？"

卡尔森只好一次次耐心解释："我从来就没有养过鸟。"态度虽然诚恳，客人的目光却分明是不信任的。

最后，出于无奈，卡尔森只好买了一只鸟，这就是詹姆斯著名的鸟笼效应。正如一个男孩儿送了女朋友一束花，女孩儿很高兴，特意让妈妈从家里带来一只水晶花瓶，结果为了不让这个花瓶空着，她的男朋友必须隔几天就送花给她。当然这是鸟笼效应的一种甜蜜的体现。

鸟笼效应为什么会奏效呢？心理学家解释说，这是因为买一只鸟比解释为什么有一只空鸟笼要简便得多。即使没有人来问，或者不需要加以解释，鸟笼效应也会造成人的一种心理上的压力，使其主动去买来一只鸟与笼子相配套。

张先生和刘先生是邻居，张先生由于工作的调动要搬家，家里的东西大部分都要卖出去，在清理完其他家具后，只剩下一个雅致的书桌了。这张书桌价格昂贵，如果作为次品卖出也收回不了多少钱。于是，张先生决定把它送给邻居刘先生作为纪念礼物，刘先生也欣然地接受了，并对此表示了感谢。

刘先生把这张雅致的书桌搬回自家书房后，他开始觉得书屋中那把破旧的木藤椅与书桌搭配起来真是大煞风景，刘先生决定买一个皮质的转椅来搭配书桌。于是他花了上千元买了一个合适的转椅，心里觉得舒服了许多。

一天，有个朋友来刘先生家做客，刘先生请朋友来到自己的书房参观。朋友对书桌和转椅赞不绝口，但话锋一转说："如果你再把书橱换一下就更好了。"刘先生看了看，书橱确实有些破旧了，也许应该换一个新的。就这样，他又花钱换了书橱。

不久，又有几个朋友光顾了刘先生家，参观了书房之后，先是夸赞了一番，但是又说："你的书房什么都好，就是光线暗了些，如果能把墙打开，改建成一个落地窗就更加完美了。"刘先生觉得在理，又请工人重新装修。

刘先生这才意识到，半年来，为了一个书桌，他甚至把整个家都折腾了一遍，说到底刘先生是在被一张书桌牵着鼻子走，真是不值得。正如苏格拉底所说的："人们如果为了奢侈的生活而奔波劳累，那么幸福的生活将会离我们越来越远。"

其实，在我们身边，在我们的生活、工作当中，人们总是不自觉地在自己的心里先挂上了一个"鸟笼"，再不由自主地往笼子里放"小鸟"，事实上只能给自己创造一次又一次的麻烦。

以卡尔森为例，其实就算是没有客人来问，卡尔森长时间面对着空鸟笼心理上也会产生一种压力，精致漂亮的鸟笼弃之可惜，只有买鸟来养才能与之匹配，环境才能协调，才能和谐，才不致招来猜疑的询问和怪异的眼光。

应用在沟通过程中，鸟笼效应告诉人们：如果我们不想被别人反复提及讨厌的话题，我们自己就得先行打破令人反感的话题，否则你就只能被别人牵着鼻子走。

第三章
说话原则

不同的场合，要说不同的话

如果一个人说话不顾及自己的身份和场合，怎么想就怎么说，确实是符合真实了，但给人留下的印象是什么呢？脑子有问题。因此，不同的场合，要说不同的话。

在《庄子》中有一则寓言：有一天，吴王率领人登狙山。一群猴子见到人来，纷纷逃进荆棘丛中。只有一只猴子，在吴王面前搔首弄姿，卖弄乖巧。吴王用箭射向它，它反而拨弄箭头，显得更加肆无忌惮。于是吴王命手下人一齐放箭，结果把猴子射死了。这只不分场合的猴子因为随意卖弄才会命丧黄泉。

这则寓言告诉我们：无论是做事还是说话都要分清场合，不要死心眼儿，哪壶不开提哪壶，否则怎么得罪人的你可能都不知道。

言如心声，文如其人。语言是心灵的一面镜子。一个人说出的话怎样，可以直接反映出他的修养如何，气度如何。有些人在生活中很邋遢，但工作却很干练；有些在家中很和蔼的人在单位却非常严肃；有些对家人脾气暴躁，对同事却表现出很强的亲和力；有些在家中很懒惰，对工作却十分努力认真。

于是，当看到一些人在不同场合有不同的表现，有人就偏执地认为是"骗子"，然而事实并非都是如此。

这种情况与一个人处理事情的方式以及说话技巧、方式都相关。俗话说："入乡随俗""到什么山上唱什么歌"，就是说人要能适应不同环境，根据环境调整自己。任何言语都是在具体的场合中进行的，并且受场合的影响和制约。假如说话不适宜场合气氛情境的话，往往会与初衷适得其反。

有一法院开庭审理一起盗窃案，被告人对作案时间交代不清。为了核实，审判长决定传被告的妻子到庭作证。由于在当时过分着急，审判长脱口而出一句话："把他老婆带上来！"

法庭顿时全场哗然，严肃的气氛被冲淡了。当时，审判长应该运用法庭用语，宣布"传证人某某到庭"。由于以日常用语取代了法庭用语，这也是审判长没注意到自己所在场合的正式性，因而造成了说话的不得体。

因此，说话一定要注意场合。不看场合，随心所欲，信口开河，想到什么说什么，这是"不会说话"的一种拙劣表现。日常生活中，也许我们会遇到这样的状况：两个熟识的人，不管在什么场合碰上，都少不了一番热情的问候，而用得最多的总是这句"吃了吗"。

一次，有两个熟人在洗手间门外碰上了，一人从里面出来，另一人正准备进去，忽见是熟人，两人也就热情地招呼了起来："吃了吗？""刚吃过了，你呢？""还没呢，正准备去吃。"对话很快结束了，"吃了的"一脸轻松地往外走，

"正准备吃的"一脸紧张地继续向里跑。

人总是在一定的时间、一定的地点、一定的条件下生活的，在不同的场合，面对着不同的人，不同的事，从不同的目的出发，就应说不同的话，用不同的方式说话，这样才能收到最理想的言谈效果。

1. 庄重的场合

如果你们单位所有人员聚在一起开会，在领导讲话时，你随意插话；发言时，不该你说的话你抢着说，或者还没轮到你发言你急于抢话，这些都会招致他人的不满，要记住"枪打出头鸟"。

2. 公众的场合

如果在图书馆，别人都在静静地看书，你偏要和同桌窃窃私语，或者大声地说话，这很明显影响了别人的学习。

3. 正式与非正式的场合

如果你是单位的一个领导，你的下属工作上出现小问题，这种事应该在私下场合解决会更好，如果你不分青红皂白，把下属当着众人的面狠狠地批评了一通，下属当时不敢跟你辩解，但他心里肯定会记很长一段时间，就会造成很大的误会。

4. 私下与公开的场合

人人都有自己的一个小圈子，称之为自己人。如你把自己小圈子里的事情、把你朋友的隐私到处说，你这个朋友肯定没法儿交下去了。

5. 喜庆场合与悲痛场合

当别人正在欢庆操办婚礼时，你同他尽说一些不吉利的话，这是别人很忌讳的；相反，如果你在悲伤的场合说一些高兴的话，必将会引起他人的不悦。

总而言之，说话是一门实践性很强的艺术，我们要在日常生活中有意识地摸索体会，努力做一个说话得体的人。

话多不如话少，话少不如话好

在任何场合说话，我们都应该明白一个道理，那就是"话多不如话少，话少不如话好"。一个语言精练、懂得适时缄默的人，走到哪里都会受人欢迎。而一个不分场合、总是喋喋不休的人，有可能"话多错多"，招人反感。

俗话说"祸从口出"，有时候仅是因为说了一句不该说的话，而遭到祸害。我们应谨言慎行，不能因一时兴起，说一些无根据的话语，这只会让自己名誉受损。

子曰："辞达而已矣。"孔子的意思是说："言辞只要能表达意思就行了。"

《道德经》中有"多言数穷，不如守中"的说法。老子说："话说得太多，往往会使自己陷入困境，还不如保持沉默，把话留在心里。"

《弟子规》中的"话说多，不如少，惟其是，勿佞巧。"告诉我们话多不如话少，话少不如话好。说话要恰到好处，该说的说，不该说的绝对不说，立身处世应该谨言慎行，谈话内容要实事求是。

据史书记载，子禽问墨子："老师，一个人话说多了有没有好处？"墨子回答："话说多了有什么好处呢？比如池塘里的青蛙天天叫，弄得口干舌燥，却从来没有人注意它。而雄鸡只在天亮时叫两三声，大家听到鸡啼就知道天要亮了，因此都注意它。"墨子的回答虽然简单，但阐述了说话既要切中要害又要恰合时宜的道理。青蛙与雄鸡的对比，形象地诠释了懂得话多不如话少，话少不如话好的真正内涵。

古往今来，会说话的例子不胜枚举。孔子崇尚周礼，曾专程到东周都城洛阳考察礼仪制度。当他在参观周王祭先祖的太庙时，看到台阶右侧立着一个金属铸造的人，嘴上被扎了三道封条，在这个金属人的背面，还刻有铭文："这是古代一位说话极其慎重的人，小心哪！小心哪！不要多说话，话说得多坏的事也多！"

《菜根谭》中说："十语九中，未必称奇，一语不中，则愆尤骈集。"意思是说，十句话说对九句，未必有人说你好，但如果说错一句话，则各种指责、抱怨就会集中到你身上。

由此可见，多说话不如少说话，说话要恰当无误，千万不要花言巧语。那些话痨者往往说个不停，难免口干喉痛，不仅得不到任何益处，一旦发生了"口是祸门"的事情，只会给自己的处境和人际关系带来障碍。

诸葛瑾是三国时期孙权手下的大臣，平时话不多，但常常在紧要关头，几句话就能解决问题。有一次校尉殷模被孙权误解，要被杀头，众人都向孙权求情，只有诸葛瑾一言不发。孙权问："为什么子瑜（诸葛瑾，字子瑜）不说话？"诸葛瑾说："我与殷模的家乡遭遇战乱，所以才来投奔陛下。现在殷模不思进取，辜负了您，还求什么宽恕呢？"短短几句话，孙权就感到殷模不远千里来投奔自己，即使有过错也应该原谅，于是就赦免了殷模。

与人交谈时，有些人聊到尽兴，一股脑地把什么话都说出来，好像自己非常真诚、坦白；也有些人由于一时气急就什么都不顾，什么都说，话越尖酸刻薄，越狠毒越说，一时的解气之后只怕是后悔都来不及了！所以，我们一定要管住自己的嘴。

我们不但要学会适时地沉默，还要学会优美而文雅的谈吐。少说话固然是美德，但是人处于社会各种场合，在不该开口的时候，要做到少说话并适当的缄默。在该说的时候，要注意所说的内容、意义、措辞、声音和姿势，要注意到什么场合说什么话。

无论是探讨学问、接洽生意还是交际应酬、娱乐消遣，我们要尽量使自己说出来的话重点突出，具体而生动。

了解对方背景，掌控沟通进程

在交谈时，如果我们想要达到良好的沟通目的，就一定要了解对方的背景，只有这样才能把话题接下去，才能更好地掌控沟通进程。如果你不了解对方的背景，跟人沟通的时候就会碰到问题。

《孙子兵法》中说："知己知彼，百战不殆；不知彼而知己，一胜一负；不知彼，不知己，每战必殆。"意思是说，在军事行动中，既了解敌人，又了解自己，百战都不会失败；不了解敌人而只了解自己，胜败的可能性各半；既不了解敌人，又不了解自己，那只会每战必败。对于沟通亦是如此，了解自己要进行沟通的目标，同时还要了解沟通的客体，才可能进行有效的沟通。

在进行沟通时，了解对方背景是必要的。正如我们每个人在参加面试之前都要通过各种方式去了解公司的基本情况一样。如果你在面试的时候，一见面就说："老总您能不能跟我介绍一下，你们公司是干什么的？"毫无疑问，这样的人基本第一关就通不过。

要想说服对方，就应该尽可能多地了解对方情况，就好像一场战役开始前，侦察对手的战场布置和战斗实力，获得的情报越多，越容易找到对方防线的漏洞和缺陷。

第二次世界大战期间，丘吉尔和罗斯福在大西洋上会晤，商讨两国在共同对付纳粹的战争中各自应担负的责任，以及欧洲和大西洋各岛屿的利益瓜分问题。会谈非常热情友好，但是涉及各自利益的敏感问题时，却出现了分歧。丘吉尔希望美国能更多援助英国，而罗斯福认为丘吉尔在某些问题上不够坦诚，有所保留。双方相持不下，会谈进展缓慢，两人都试图说服对方让步，双方对彼此的性格都非常了解。丘吉尔性格倔强，但是很有气魄，不拘小节；罗斯福非常严谨，但是也有美国牛仔轻松自在和幽默的一面。

有一天晚上，丘吉尔正在房中准备洗澡，罗斯福忽然进来，看到丘吉尔一丝不挂，场面非常尴尬。睿智的丘吉尔乘势说："总统阁下，你看见了，英国对美国没有任何保留。"丘吉尔的幽默感使罗斯福会心一笑，在接下来的会谈中，罗斯福终于作了让步，同意丘吉尔提出的一系列要求。可以说，根据对罗斯福的了解，丘吉尔恰到好处地表达了自己的意志，迎合罗斯福美国式的自由性格和幽默感，因此成功说服了罗斯福。

因此，我们在与人沟通之前，最好把与对方相关的基本情况或者有关他的公司的问题了解清楚。尤其与对方是第一次见面时，充分了解与对方相关的背景信息就更为重要。只有这样，才能更好地把握沟通进程，并在交谈中发现对方的需求，灵活调整沟通方向，达到自己的目的。

盛宣怀是晚清的一位大臣，他在拜见陌生的上级时，就非常注意了解对方的有关情况。一次，醇亲王特地在宣武门内太平湖的府邸接见盛宣怀，向他垂询有关电报的事宜。盛宣怀以前没有见过醇亲王，但与醇亲王的门客"张师爷"过从甚密，从他那里了解到两个方面的情况：一、醇亲王与恭亲王不同，恭亲王认为中国要跟西洋学，醇亲王则认为中国人不比洋人差；二、醇亲王虽然好武，但自认为书读得不少，颇具文采。盛宣怀了解情况后，就到身为帝师的工部尚书翁同龢那里获得了些醇亲王的诗稿，念熟了好几首，以备"不时之需"。盛宣怀还从醇亲王的诗中悟出他的心思，毕竟"文如其人"。

胸有成竹之后，盛宣怀前来谒见醇亲王。当他们谈到电报这一名词的时候，醇亲王问："那电报到底是怎么回事？"盛宣怀回答道："回王爷的话，电报本身并没有什么了不起，全靠活用，所谓'运用之妙，存乎一心'，如此而已。"醇亲王听他能引用岳飞的话，不免另眼相看，便问道："你也读过兵书？""在王爷面前，怎敢说读过兵书。不过英法内犯，文宗显皇帝西狩，忧国忧民，竟至于驾崩。那时如果不是王爷英勇，力擒三凶，大局真不堪设想了。"

盛宣怀稍作停顿后又说："那时有血气的人，谁不想洗雪国耻，宣怀也就是在那时候，自不量力，看过一两部兵书。"
盛宣怀真是三句话不离醇亲王的"本行"，他接着又把电报的
作用描绘得神乎其神。醇亲王也感觉飘飘然，后来醇亲王干脆
把督办电报业的事托付给盛宣怀。

不同的背景造就了形形色色的人群，与不同的人对话，
说话的方式也必然有所区别。在说服别人的时候，是要迎合对
方，还是要和对方正面交锋？在迎合和交锋之间，又应该从哪
个地方下手？这种判断只能来自知己知彼的基本了解。那么在
沟通之前，我们一般需要了解对方以下几个方面。

1. 基本情况

沟通之前，对方的一些基本信息是必须清楚的，主要包
括：性别、年龄、身份、职业、背景。好比战役开始前，了解
对方的实力、部署、防线，以及对方所处的地形等。这些信息
可以通过对方的履历、一些公开的资料，以及一些公共场合
中获得。只要稍微留心，认真调查，得到这方面的素材并非难
事。

2. 了解对方的性格、喜好及其家庭成员

如你要具有一般的谈话能力，你要能够适应对方，尽可能
了解对方的性格特点及其兴趣爱好，进而投其所好，另外也可
以通过家庭成员来展开话题，引起对方的兴趣。但是切记在态
度上要友好而又真诚。

3. 了解对方的需求

了解对方需求并尽力满足，将会带来意想不到的沟通效

果。我们可以在沟通之前通过间接的方式了解到对方的心理需求，在沟通时予以满足即可；也可以在沟通过程中，多听客户讲话，从客户的谈话中挖掘出客户的隐性需求。

适时保持沉默威力更大

法国有句谚语，雄辩如银，沉默是金。在我们的生活中，有些时候确实是沉默胜于雄辩。与得体的语言一样，恰到好处的沉默也是一种语言艺术，运用好了常会收到"此时无声胜有声"的效果。

古时候，有个农民牵着一匹马到外地去，中午走到一家客栈用餐，他把马拴在了旁边的一棵树上。这时一个商人骑着一匹马过来，将马也拴在了这棵树上。

农民看见了，忙对商人说："请不要把你的马拴在这棵树上，我的马还没有被驯服，它会踢死你的马。"但那个商人不听，拴好马后便进了客栈。

片刻后，他们听到马的嘶叫声，两人急忙跑出来看，商人的马果真被踢死了。商人拽住农民就去见县官，要农民赔马。县官问农民一些问题，农民却装作没听见似的，一字不答。

县官转而对商人说："他是个哑巴，叫我怎么判？"商人惊讶地说："我刚才见到他的时候，他还说话呢。"

县官奇怪地问商人："他刚才说了什么？"商人把刚才拴马时农民对他说的话重复了一遍，县官听后说："这样看来是你无理了，因为他事先曾警告过你。因此，他不应该赔偿你的马。"

这时农民开了口，他说："县官大人，我之所以不回答问话，是让商人自己把事情的全部经过讲清楚，这样，不是更容易弄清楚谁是谁非吗？"

沉默是最有力的武器。在日常交际中，遇到难以说清是非之辩的问题时，你不妨也像这位农民一样，以无言应对喧哗，这会产生比硬碰硬更大的震慑力量。尤其是在时机未到时保持沉默更是一种"大智若愚"的表现。

正像休止符一样，沉默只有运用得恰到好处，才能收到以无声胜有声之效。如果不分场合，不讲分寸，故作高深或夸张而滥用沉默，其结果事与愿违，只能给人以矫揉造作或是难以捉摸的感觉。我们在运用沉默时，不应该把它和语言截然分开。恰恰相反，沉默和语言的和谐一致，相辅相成，才是沉默的功效。

下列几种情况要求我们必须把握好沉默的分寸。

1. 对方心不在焉时保持沉默

在与他人交谈时，一旦发现对方对所说的内容心不在焉，要立刻停止，哪怕所说的话非常重要，也要马上保持沉默，盯着对方看，一定要让对方先说话。这时他对你的陈述一定是有反感，即使你接着说下去，对方也不会听进去。

2. 不了解情况的时候要保持沉默

有时候，不了解对方的情况盲目地乱说，往往会给对方造成可乘之机，使自己遭受到莫大的损失。所以，在不知道对方底细的情况下，不要轻易开口，保持沉默，不但能揣摩对方意图，而且往往能变被动为主动。如果轻率发言，将会造成难以挽回的损失。

3. 别人谈论自己时需保持沉默

当听到别人谈论自己的时候，很多人容易犯这样一个错误：一旦别人谈到自己时，尤其是不利于自己的情况时，往往会打断别人，进行争论。其实，这是最不明智之举。在职场上，如果同事批评或者谈论你时，你不必急于否认或者急于表现自己。

受到别人无理攻击或指责时，你的情绪正在气头上，如果你当场据理力争只会让自己陷入更深一轮的语言轰炸中，这非但不能洗刷冤屈，还会让他人更加"团结"起来打击你。不如等以后你们都冷静下来，能够心平气和地讨论问题的时候再安排时间交谈，只有在那个时候你们才能进行有实质意义的讨论而不是相互指责。

因此，这个时候最好保持沉默，闭口不谈。在不指责对方的错误，也不伤害他的自尊心进行说服时，有一个不可忽视的技巧就是在应该批评对方的时候采取沉默态度。

4. 自己做不了主的时候要保持沉默

有时候，自己往往不能够做主，所以，这时候也不能说。如果自己不慎把不该答应的事情答应下来了，到时候所有的问题只有自己来承担了，所以这时候也要保持沉默。

5. 时机未到时保持沉默

说话莫忘看时机，因为心理学告诉我们，在不同的场合中，人们对他人的话语有不同的感受、理解，并表现出不同的心理承受力。正因为受特殊场合心理的制约，有些话在某些特定环境中说比较好，但有些话说出来就未必得当。同样的一句话，在此说与在彼说的效果就不一样。如果环境不相宜，时机未到，最好的办法是保持沉默。

老一辈人总是谆谆教导我们："话到嘴边留半句，不可全抛一片心""言多必失，语多伤人""君子三缄其口"的古训，也把缄口不言作为练达的安身处世之道。今天，我们亦应谨记这些古训，该沉默时一定要沉默。

说话必须有修养

言语能力并非人天生的本能，而是后天练习的结果。口才的完善是很长一段时间思想、语言行为、仪态、情绪等各个方面综合磨炼的过程，也是内在修养的过程。

1. 尊重他人的意见

说话是人的思想的反映，尊重他人的意见，也就如尊重这个人。但有些人为使自己的意见突出，引起他人对他谈话价值的充分认同，常自觉不自觉地对他人意见加以贬低、否定。结果引发了对方的不满和对抗，不仅自己的意见未得到重视，反而遭到冷落和否定，自己的形象也受到贬损。有些善说话者，在发表己见时，恰恰采取相反的态度，他们会巧妙地从不同角度对已发表出来的意见加以肯定和褒扬，甚至采取顺势接话、补充发言的方式陈述己见，这样别人就会保持一个积极的良好的心态倾听他们的高论，他们的意见圆满发表了，他们的风格也显示出来了。

2. 不与他人抢话争话

自己有真知灼见希望尽快发表出来，这种心情是可以理解的。但你同样也要给别人发言的机会，不能迫不及待，在他人侃侃而谈时，硬是截断他的话头，让自己一吐为快；或者他人正欲发言时，你捷足先登，把别人已到嘴边的话硬生生挤回去，让自己畅所欲言。发表己见首先应具备的修养就是耐心，待别人充分发表了意见之后，或轮到你时，你再发言也不迟这不仅不会减轻你发言的分量，还会调动大家的情绪。

3. 不说侮辱性话语

说到口才修养，不得不提口德，"德"可以说是口才的灵魂。生活中，有些词语我们应避而不用，尤其是有关生理特点的，如矮冬瓜、瘸子、聋子等，以及身份卑微的，如乞丐、私生子、拖油瓶、白痴……一个注重言语修为的人，一个有益于他人的人，自然易于为他人所接受，他的话也就可能被别人奉为圭臬。"文如其人"是从文学创作的角度说的，我们也完全有理由说"言如其人"。心理上的专注力、耐受力、进取心等品质，也将使你更具个人魅力，使你的口才更有深度。

在与人交往时，口才是非常重要的才能，但仅仅靠话语是不够的，更重要的是一个人的风度。

说话要讲究规矩

说话必须符合一定的语言规矩。它是指说话人在言辞交际过程中，必须遵守语言规范的要求，不能因为语言表达的混乱、不完整而词不达意，让人不知所云。

语言的规矩主要包括以下两个方面。

1. 语音清晰准确

说话人要表达什么，必须是不含混、不模糊，清清楚楚、明明白白地说出来，让接受者一听就懂。这样，表达才有作用，交际的目的才能实现。

做好以下三个方面，有助于达到语音清晰准确的要求。

（1）与非本方言地区的接受者交谈，最好不要用方言。

（2）遇到容易产生歧义的发音，应予以适当解释。

（3）对一些关键字词的发音，尽量说得慢一些，说快了、急了，容易产生声音共振而使语音含混，让人听不清楚，或产生误听。

2. 语句通顺明了

主要指用词前后协调准确、意思完整，不多余、不错乱等。

要做到语句通顺明了，以下两点应该注意。

（1）不生造词语。生造，是指按照自己的意愿杜撰、编造出谁也不懂的词语。虽然词语在人民群众的交际实践中不断丰富、发展，但它的产生应有一定社会基础，它必须经过一段时间的运用，为交际区域的群众所接受才行，绝不是任何人都可以随便生造。像"打的""打工""撮一顿""大款""倒爷"等已被人们熟悉，用于语言交流当然可以，但如果有人说："我来迟了，实有抱惭。"这里的"抱惭"就是生造。何不用通俗的"抱歉"或"抱愧"呢？

（2）符合习惯。习惯是人们在长期的社会生活中逐渐形成的规矩、风尚，有些虽然从逻辑或语法的角度看并不规范，但既然已经在长期的社会生活中形成，就应当按约定俗成的原则来处理。比如"打"，其词义一为用手或器具撞击物体——打人、打鼓；一为发生与人交涉的行为——打官司、打交道；一为制造——打毛衣、打镰刀，等等。但"打的""打工""打瞌睡""打酱油""打折扣""打圆场"之"打"，就无上述意义。使用这些词汇时，只能是约定俗成，大家都按习惯办。还有像"打扫卫生""救火""养病""晒太阳"之类，也属此种情况。

另外，由于国别、民族、地域、信仰等差别，或是习惯要求的不一致，表达者需要入乡随俗，使自己言辞合于接受者的习惯，否则就要出差错、闹笑话。

说话也要讲分寸

"分寸"二字无处不在，日常生活中，不管是与人说话、交往，还是办事，时时处处都蕴藏着分寸的玄机。如果一个人在社会上不懂得把握分寸，就说不好话，办不好事，更不用说愉快地与人交往了。

纵观古今，凡是有所作为的人，都将说话讲分寸作为必备的修养之一。

什么是"分寸"？从一定意义上说，分寸是一种不偏不倚、可进可退的中庸哲学。但中庸之道的抽象，不足以恰当地把握其中的内涵，而分寸之道，却是一种被形象化了的尺度，更易于让人明确地把握，具有可为人所用的实际操作性。

通常所说的"掌握火候""矫枉过正""过犹不及""欲速则不达"等讲的都是这种"火候"和"分寸"的问题。一方面，话说不到位不行，说不到位，别人可能悟不明白，理解不透，琢磨不出你的真实用意，你提出的想法或要求也不会被人重视和接受，非但事情办不成，也常常被人瞧不起，这样怎么能换取别人的欣赏与亲善呢？怎么能赢得别人的友谊和器重呢？另一方面，话说得太过头不行，要求太高，言辞太尖刻，让人听了不愉快，觉得你不识大体，不懂规矩，不知好歹，这样的人常常被人敬而远之，也同样无法与人正常交往。还有一个方面，就是话说得不巧妙不行，太憨实，有时会招来嗤笑；

太絮叨，有时会招来反感；太直露，有时会招来麻烦；太幼稚，有时会令人瞧不起。

懂得讲话技巧的人，能把一句原本并不十分中听的话，说得让人觉得舒服。有一位企业的总裁，当他要属下到他办公室时，从来不说"请你到我的办公室来一趟"，而是讲"我在办公室等你"。

没有好的人缘，不知要失去多少成功的机会，干多少事倍功半的事情。人缘靠什么来维护？靠的就是嘴上有分寸。一句话说对了，可能使人扶摇直上，平步青云。而一句话说过了，则可能满盘皆输，毁掉一生前途。因此，要想立足于社会并取得成功，就一定要把握好说话的分寸。

五种话不能开口

文有文法，说有说风。说风是一个人的立场、观点、作风、内涵等在言谈中的综合体现。说风无论好坏，都是在一定的时代背景或社会条件下形成的，是为适应某种需要产生的；当然，也因人而异。诚信、正直的人，都能自觉地说真话、说实话；可有一些人却常说假话、蠢话、大话、空话、粗话。对此，我们不能等闲视之。

1. 不说假话

说真话是中华民族历来赞颂的美德。《韩非子·外诸说左上》中，曾子教子的故事大家都很熟悉。曾子为了让孩子学会遵守诺言，把妻子开玩笑说的话付诸实施，将猪杀了，维护了妻子在孩子眼中诚实的形象。曾子的妻子是有意骗孩子吗？恐怕未必。但至少可以说，她没有意识到这种骗孩子的教育方式有多深的危害。一次谎话就可能使孩子沾染上不良习气。曾子的行动表明他坚持了最可贵的精神——不说假话。

有一次，列宁参加一个会议，讨论的是关于彼得格勒的工业恢复计划的问题。人民委员施略普尼柯夫做报告时，用许多优美的词句描绘出一幅十分诱人的前景。报告后，自我感觉良好的施略普尼柯夫以为会受到列宁的称赞。可列宁却向他提了几个问题：目前在彼得格勒由哪一家工厂生产钉子？产量多少？纺织厂的原料和燃料还能保证用多少天？这些简单的问题把他问得瞠目结舌。列宁批评说："谁需要你们那些大吹大擂毫无保障的计划？针线、犁、纺织品在哪里？你不能回答这些问题，原因只有一个，就是实际的计划工作被你们用华而不实的废话代替了，这无异于欺骗。"

世界各地也有许多关于批评说谎的格言：

即使说一句假话也是说谎，即使偷一根针也是盗窃。（蒙古）
谎言跑得再快，也永远追不上真理。（俄罗斯）
宁愿听痛苦的实话，不听甜蜜的谎言。（非洲）

2. 不说不理智的话

对于应酬来说，语言是非常重要的手段。得体的语言就像一部车子的润滑剂，使交际活动更顺利地向纵深发展。

下面故事中的斯提尔曼显得有些不理智。

一次，大银行家斯提尔曼痛骂了一个高级职员。当时，这个可怜的职员正坐在写字台前一副无精打采的面孔，钢笔在他的手指间晃动，并不时地敲着桌子，斯提尔曼看着他这副吊儿郎当的模样非常气愤，便用极其严厉的口吻毫不留情地痛骂了他一番。最后的几句话说得刻薄粗暴，以致那个不幸的职员战栗不已，大颗大颗的汗珠出现在前额。当时在场的一位客人实在看不过去了，忍不住说："斯提尔曼先生，我一生中从没有见过像你这么粗暴的人。他是你银行里的一个高级职员，你竟然当着一个陌生人的面公然侮辱他。假如他马上用刀把你刺死，我一点儿都不会觉得奇怪！"

斯提尔曼听了这种批评，默不作声。

斯提尔曼毕竟还是很聪明的，他意识到，他的话给这个职员造成了伤害，并引起很坏的影响，他为自己刚才的一番失态懊恼不已。于是，他赶忙到别处反思了一阵，等他回来已经完全变成了另一个人。

3. 不说大话

一次，一位很自以为是的报社主笔在英国内阁总理格莱斯顿面前夸夸其谈。那是在一次宴会上，格莱斯顿很客气地对这位主笔说："几天之前我收到过你的一封信。"

"我写的吗？我已经记不得了。哦，我肯定没有写过。也许是我的秘书写的吧，可以肯定那不是我写的。"听闻此言，格莱斯顿先生心里颇觉不快，但依然平和地对他点头，宴会渐渐进入高潮的时候，格莱斯顿先生理所当然地成了大家谈论的焦点。所有的客人都想找机会接近他，听他谈话，而除了报社主笔，格莱斯顿先生对每个人都热情而客气。整整一个晚上这位主笔总想找机会与格莱斯顿先生交谈，但都未能如愿。

由于喜好夸大之故，这位报社主笔失去了与格莱斯顿先生结交的绝好机会。好吹牛而不务实，久而久之，就会养成不良的习惯。

最好能虚心地承认自己的短处，切不可依赖夸张而掩饰之。

爱说大话的人编造的那些超乎常理的故事，在百无聊赖的时候听听倒还可以。虽然讲得绘声绘色，跌宕起伏，可细究起来他讲的主题只有一个，就是他自己。如果你留意一下，就会发现几乎每句话里都会出现一个"我"字，这个无限重复的"我"很容易让人失去耐心。

A是某大学讲师，总爱在人前吹嘘自己的交际有多广多深，有多少科研成果，获得多少荣誉。时间长了，他的学生给他起了一个外号叫"牛皮大师"。大言不惭、夸夸其谈的人到头来只会给别人留下浅薄、无知的印象。同时，过分标榜自我、忽视旁人最终只会陷入孤岛。

4. 不说空话

人们常常因为自己的地位比别人高，资历比别人深，潜意识里就会产生一种优越感，觉得自己比别人有成就，比别人懂得多。因此在谈话时难免带有说教的腔调。

当然，说教并非一无是处，有时的确是正确的忠告，但这些常因带有说教腔调而引起谈话对象的逆反情绪，收效甚微。力避高高在上，目空一切的情况，而且要用鲜明、生动、形象的语言让别人心悦诚服。

然而说教者常常会说"你须知道我并不是在干涉你的作

为""我觉得有许多话不得不同你讲"或者说"你不得不这样做，唯有如此才能避免错误发生"。

其实，说教者们的这些想法，应该是在别人接受观点时自心底而生的。而由说教者嘴里说出来的，再多也只是空洞的说教，结果只会让人产生抵触情绪。爱说空话的人说话很少有个准数，要么与事实不符，要么泛泛而谈。长此以往，极易失去别人的信任。

B是某企业领导，该企业分明是亏损企业，但为了某种目的，他在上报时却说赢利多少，结果该企业不仅得不到国家政策的某些支持，还得多交利税。对此，工人们愤愤不平，众说纷纭。

爱说空话的人，常将很多的时间与精力放在一件微乎其微且不切实际的事物上。若要给他倾诉的机会，他一定会不厌其烦地用五倍乃至十倍的时间来讲述他的故事。你常会被他众多的毫无价值的细节弄得晕头转向时，还没有听到他讲述的故事的要点。如果在他讲述的过程中，你想抓住故事梗概，问他一句："你所讲的那位穿灰色风衣的女人究竟如何了呢？"他仍只是轻描淡写地回答你："不用急，我就要讲到她了，你先听我把这个讲完。"接着，啰里啰唆地说上很多空泛的话。

假如这位小题大做者能看出听他讲故事的人如此耐心完全是因为礼貌，那么他必定会把要说的话整理完后才讲。如果能看出对方对故事并不感兴趣，他也会作出种种努力使故事讲述得更紧凑一些，遗憾的是，他们始终观察不出听众的反应。

一个青年写信给热恋的姑娘说："亲爱的，我爱你爱得没有止境，我的心是这样的热烈，简直无法形容，我不知道用什么话才能表达出来。"假如对方是一个幼稚的姑娘，她一定会被感动，但假如她是一个有学问的姑娘，她就会对这封信不以为然。

5. 不说粗话

俗话说，习惯成自然。无论什么事情，只要形成了习惯，就会自然地去做。讲粗话也是如此。一个人一旦养成了讲粗话的习惯，往往出口不雅，而自己却不知道。

习惯是长期条件反射累积的结果，因此要改变一种习惯，就需要中止原有的条件反射，努力建立新的习惯。

首先，要认识讲粗话是一种坏习惯，是不文明的行为，从思想上强化克服这种习惯的意识。生活实践表明，意识越强烈，行动的决心越大，效果也越明显。

其次，找出出现频率最高的粗话，集中力量首先改掉它。可以通过改变讲话频率，每句话说完停顿一下，讲话前提醒自己等办法改变原有的条件反射。出现频率最高的粗话改掉了，其他粗话的克服也就不难了。

再次，要有实事求是的思想准备。习惯的形成不是一朝一夕的事情，它的克服当然也要需要时间，不可能在一两天内把长久以来形成的习惯迅速改掉。有时，讲话中仍然漏出几句粗话，这也是在所难免的。如果要求把所有的粗话统统改掉，反而会因难以办到而感到失望，动摇克服讲粗话习惯的信心。

最后，请别人督促。由于有时自己讲了粗话却不知道，请别人督促就能起到提醒、检查的作用。督促还有另一层心理意义：造成一种不利于原有条件反射自然发生的外界环境，以促进旧习惯的终止。

所以，在修炼你的口才的同时，还要积极修炼你的口德。

大智若愚，动之以情

一位三十多岁的妇女在下岗一年多之后，好不容易找到一份在某高级珠宝店当售货员的工作。某年春节前的一天，店里来了一位土里土气的年轻男子，他衣衫破旧，一脸的悲哀、狐疑，不时用不可企及的目光，盯着那些高级首饰。

因为来了一个电话，妇人在接听电话时，一不小心把装戒指的碟子碰翻，六枚精美绝伦的金戒指落到地上，她慌忙捡起其中的五枚，但第六枚怎么也找不着。

这时，她看到那个男子正向门口走去，顿时她知道了戒指在哪儿。

当男子即将走出自动门时，妇人柔声叫道："对不起，先生！"

男子转过身来，两人相视无言，足足有一分钟。

"什么事？"他问，脸上的肌肉在抽搐。

"什么事？"他再次问道。

"我先生下岗一年多了，我上个星期才找到这份工作。现在找份工作真不容易，是不是？"妇人神色黯然地说。

男子长久地注视着她，终于，一丝腼腆的微笑浮现在他脸上："是的，真是这样。"

他回答："但我觉得你在这里会做得很好。"

说完，他向前一步，把手伸给她："让我握握你的手，表示我真诚的祝福好吗？"

然后，他转过身，慢慢走向门口。

妇人目送着他的身影消失在门外，转身走向柜台，把手中握着的第六枚戒指放回了原处。

　　不用批评、苛责，更不必咆哮，那位妇人就成功地收回了男子偷拾的第六枚戒指。

　　奥妙何在？无疑，妇人神色黯然的轻言细语产生了撼人心魄的作用。

　　"情"，在此处胜过了任何技巧。

　　由此可见，从某种意义上说，善用情感来凝铸语言，是一种最高境界的智慧。

第四章

声音技巧

发音是建立良好沟通的首步

我们所说的话都是由每一个字组成的，然后我们给每一个字加上适当的重音和语调。最后将所有内容正确而恰当地发音，就形成了我们的演讲。这能够帮助我们准确地表达自己的思想，使听众明白演讲者的意思和所强调的重点。

1. 练习发音的第一步是练气

咽喉炎似乎是所有教师的职业病，这种现象一方面是因为教师每天的说话量过大，另一方面是因为没有掌握正确的发声方法。我们都知道播音员和歌唱家每天一个必备的功课就是练习发声，练习用气来发声，也就是人们常说的练声先练气。

气息是人体发声的动力，是发声的基础。如果能正确地掌握用气发声的方法，那么就不会有大量的教师患上咽喉炎了。

演讲的效果与发声有着直接的关系，我们之前说了，有活力的声音可以使听众兴奋，反之就会给人一种说话绵软无力的感觉。而影响发声的最直接原因是气息，气息充足，声音就会响亮而有朝气；气息不足，声音就会恹恹无力；用力过猛就是我们常说的大嗓门儿，给以一种不礼貌的感觉。

我们在练声时，最重要的就是吸气与呼气训练。我们可以参考瑜伽当中的腹式呼吸法来练习吸气和呼气。

所谓腹式呼吸法就是，吸气时让腹部凸起，吐气时压缩腹部使之凹入的呼吸法。正确的腹式呼吸法为：开始吸气时全身用力，此时肺部和腹部会充满空气而鼓起，但还不能停止，仍然要使尽力气来持续吸气，不管有没有吸进空气，只管吸气再吸气。然后屏住气息4秒，此时身体会感到紧张，接着利用8秒的时间缓缓地将气吐出。吐气时宜慢且长，不要中断。做完几次前述方式后，不但不会觉得难过，反而会有一种舒畅的快感。

2. 练习发音的第二步是练声

第一，练习音高和音低。可以通过朗读古代诗词、散文等来练习。先从低音说起，再一句句地升高，说到最后再一句句地降下来。然后再一句高，一句低，高低交替的朗读，也可以每个字的音调由低向高，再由高向低。

第二，练习音强与音弱。可以采用和之前同样的材料，按音量从小到大来练习，从小音量练习开始，要注意的是音量虽小，但吐字一定要清晰。之后把音量加大到正常来练习，同样要求吐字清晰，抑扬顿挫。之后再加大音量，用大音量练习，这时要求气息强大，音色高亢洪亮。当我们能熟练清晰地用三种音量发音时，就可以进行三种音量的混合练习。这样的练习还可以加强我们的语感和语气。

第三，练习实音与虚音。所谓的实音，就是音色响亮、扎实、清晰度高的声音，这就要求我们在发音时，要清晰明白，咬字要准确。所谓虚音多用于表达感叹、回味、夸张等情感的语句中，说话的气息强而逸出较多，音量则有所控制，但是同样注意字音的清晰。

最后要注意的是，早晨刚睡醒时不要直接到室外去练习，特别是在室外与室内温差较大时，冷空气的刺激可能会损害我们的声带。

利用声音技巧提升口才

由于语音的形成建立在人们约定俗成的基础上，所以，音、义、符之间没有必然联系。某个声音有某种意义是由于习惯使然，不同的地方具有典型的特征，仅在我国就有八类使用广泛的方言。

口语信息的传递与接受的有效性，要靠准确无误的语义表达来实现，"说"和"听"都要具备对语音的使用和理解能力。那么，语音训练要注意哪些问题呢？

1. 控制气流，正确发音

语音是声带运动的结果，声带产生语音后，口、鼻、喉、咽、胸产生共鸣将声音传出，唇、舌控制气流形成各种不同的话音，发音的方法也各不一样。

因此，我们必须准确地记住这一点，掌握正确的发音方式，特别是对使用方言的人来说，更要注意区分方言与普通话的发音特点。

2. 吐字清晰，干脆利落

吐字时，由于时间仓促，不可能注意到每个音节。在念字时，重音主要落在韵母的元音上。发音应是字头短而有力，字腹圆润饱满，字尾缓慢渐弱。整个音节应干脆利落，避免拖泥带水、含糊不清。

3. 声调准确，注意区别

汉语的音节较少，加上声调才能区别同音节字，特别是在口语中，声调成为辨别字的主要根据。因此，口语表达要重视声调的准确性，避免混乱甚至全然相悖的结果。

4. 口齿灵活，自然流畅

说一段话需要连续发许多个音节，要使话语自然流畅，并且使每个音节清晰准确，这需要我们加强训练口齿的灵活性。连续发音时，舌要在唇、齿、龈、颚等部位之间来回伸缩，舌尖、舌面、舌根要交替发力，唇要做出圆、扁、开、合、撮、闭等动作来控制气流的停歇，动作迅速。

如果口齿不灵、唇舌无力，就会使音节含混，从而影响表达效果。锻炼口齿的灵活性可通过朗读规范文字作品的方式进行，训练过程中要注意语速。

5. 清晰悦耳，富有魅力

音质对语意表达和情感传递有很强的影响作用。美丽的音色能对人产生强烈的吸引力，使语言富有感召力。因此，我们要训练自己的发声。

正确的发音姿势是：挺胸、收腹、提气，颈部、背部、腰部要自然伸直，胸肌放松，用力合适，使气流运行通畅，以实现良好的共鸣效果，从而使语音浑厚有劲、轻快自然、清晰动听。

语调是语言表达的第二要素

语调是语言表达的第二要素，也被人们称为语言表达的第二张"王牌"。什么是语调？语调即说话的腔调，有高低轻重缓急之分。每个句子都有不同的语调，恰当地使用语调，能表达特定的语气和情感。

形成语调的因素很多，其中最重要的是思想内容和感情态度。语调变化万千，很难找到完全一样的形式。为了便于练习，我们对其进行了简单分类。

1. 升调情绪亢奋，语气是由低向高，句尾音强且向上扬起

一般用于发问、等待回答、意外惶恐、中途顿歇、全句未完、发令号召、进行号召等情况。

2. 降调情绪稳定，语气是由高向低，句尾音弱而下沉

一般用于陈述句、肯定句、感叹句、祈使句等句型。

3. 平调情绪沉稳，语气是基本平直的，首尾音量相同

一般用在表示庄重严肃、踌躇迟疑、平静沉思等情况中。

4. 变调情绪激动或情感多变，语气起伏曲折

声音或由高而低再扬起，或由低而高再降下，或变化更大，多用于语意双关、言外有意、幽默含蓄、故意讥讽、惊讶万分等情况。

语调的变化是在某种基本语调的基础上进行的。通常，基础语调在中音区进行，并在此基础上发生语调变化。此外，还要注意：表现高昂、激动、紧张、热烈、愤怒、仇恨等情绪的语调，是在高音区进行的；表现低沉、悲伤、凄凉、沉痛等情绪的语音，一般在较低音区进行。

语调训练一般包括以下内容。

1. 把握重音

重音也叫重读，在口语表达中，它有突出重点、强化语意的效果。表达时，语句中的词语在语义上并非同等重要，而是有主有次、有轻有重。表达者有意加重某些词语的发音，即所谓"重音"。

同一句话，由于重音位置的变化，表达含义就会不一样。如我们用"今天我来这儿讲课"这句话来说明，重音不同，表意就不同：

今天 / 我来这儿讲课（明天不来）

今天我 / 来这儿讲课（不是别人来）

今天我来这儿 / 讲课（明天在别处讲）

今天我来这儿讲课 /（不是来聊天）

因此，我们得出结论，重音的位置对语意能否准确表达有

重要影响。

如何确定重音位置？这就需要我们明确话语的重点，明白话语的主旨，真正抓住每句话的表意重点，而重点表意词往往就是重音词。能否正确使用重音是能否准确表情达意的关键。

2. 巧设停顿

停顿是指说话时的顿挫。它的功能在于：首先，停顿起着标点符号的作用，它是说话时换气的间隙，既能结束上句，又能开启下句，以此加强语言的准确性和表现力。其次，停顿能使语句抑扬顿挫，它以间歇的长短、停顿的次数，形成语句的节奏，给人以韵律美；最后，停顿要适当、得体，考虑到表达规范，不能过于随意。停顿的位置不同，语意也就不同。如：

你／了解我不了解？／（问是否了解自己）

你了解／我不了解。＼（承认自己不了解）

你了解／我不了解？／（不承认自己不了解）

你了解我／不了？（想证实别人不了解）

你了解我不／了解？／（不相信别人了解）

你了解我不／了解。＼（明白别人了解）

停顿会产生话外之音，让人觉得变化无穷。训练有素的口才家都善于巧妙利用语句的停顿，启迪听众思考，使他们听后能细细回味，以达成理想的演讲效果。

巧设停顿还包括善用停连。停连口语是表达声音的中断和延续。当断不断，语序混乱；该连不连，语意难全；有断有连，方能语意通畅。所以，必须注意停连的训练。

3. 善用语调

语调的变化充分表达说话者的情感。同一个句子根据语调高低升降的不同，就可以表达出不同的感情。譬如：

这是一百万元？（啊！好吓人哟！）——吃惊

这是一百万元？（别吓人了！）——轻蔑

这是一百万元？（糟！）——后悔

这是一百万元？（好高兴啊！）——喜悦

这是一百万元？（真稀奇！）——好奇

这是一百万元？（开玩笑？）——疑问

使用重音，增强表达效果

重音也叫重读，说话人根据情境，故意加重某句话、某个词组、某个词的发音，或某个字说得重一些，这就是重音。

那么，如何在一篇发言中确定重音呢？主要有下面一些方法。

1. 词的轻重音

主要表现在音节上，双音节的词有"重轻"和"中重"两种形式："重轻"即重音在前，轻音在后；"中重"即中音在前，重音在后。"中重"的情况比较普遍。三音节的词，以"中轻重"为主要形式。四音节的词，以"中轻中重"为主要形式。

2. 句的轻重音

主要有两类情况。一种是语句重音，是由于语句的结构自然表现出来的重音。"语句重音"一般不太重，在原语句的基础上略有提高。另一种是逻辑重音，也叫"强调"重音。这是一种特重音，音量比词的重音、语句的重音都要大。它可以进一步强化词和语句的表达，也可以使词和语句中的"非重音音节"转化成重音或特重音，以突出词句的某个意思。

3. 感情重音

在口语表达中，应根据情感表达的需求，对那些在表达感情方面起决定作用的词语、句子、段落，要相应地加重音量，这就是感情重音。感情重音可以使话语表达的色彩更加丰富，情绪饱满充沛，进而感染听众的情绪。了解了如何确定重音之后，接下来就要训练重音。常用的重音表达方法有以下几种。

（1）加强音量法。即把重音读得再重一些，再响亮一些。

（2）拖长音节法。即把重音音节拖长，加以强调。

（3）一字一顿法。即在需要强调的字词前后做改变，使表达更加清晰有力，情感真挚感人。

（4）重音轻读法。即把要强调的字、词或句子减小音量、拖长音节，同时加重气息。这种重音轻读法，可以用来渲染意境，表达深沉凝重、含蓄内向的感情，同时让语言听起来语轻音弱，在听众心里产生巨大震撼。

在使用重音法之前，要先学会取消重音。因为，有些初学者常常在开始时会滥用重音，养成了错误的重音习惯。因此，要将这些妨碍正确区分重音的习惯杜绝掉，才能在此基础上恰当地使用好重音，以便更清楚地表达自己的想法。

如何在说话中运用突兀语言

有些人善于在说话的开头语出惊人，突兀而起，配以起伏变化的语调，使演讲体现出一种神秘的色彩，一下子就能把听众震住。这样既能吸引听众的注意力，又能确定演讲的情感基调。

我们再来看看1941年7月3日斯大林《广播演讲》的开头：

"德国希特勒从6月22日向我们祖国发动的背信弃义的军事进攻，正在继续着。虽然红军进行了英勇的抵抗，虽然敌人的精锐师团和他们的精锐空军部队已被击溃，被埋葬在战场上，但是敌人又往前线调来了主力军，继续向前闯进……"

这样的开头，由惊人的事情说起，听众为之惊叹。

使用突兀的语言，不仅需要大量的知识作为语言的支撑，更为重要的是要掌握使用的方法。一般来说，突兀语言的出现是为了增强语言的效果，使听众在"陌生化"的语言环境中感受你说话的魅力。因此，运用突兀而起的方法要注意与后面的内容配合得当，否则给人一种头重脚轻、"吊胃口"的感觉。

吐字如何达到清晰准确

准确的发音，是演讲者传达自己意图的最基本的要素。只有清晰准确的发音，才能使听者明确地领会演讲者所要表达的思想，加深听众的印象。不准确的发音不但会损坏演讲者的形象，还会影响演讲者的思路和才能，并影响听众的理解效果。

怎样才能准确地发音呢？

1. 念准字音

念准字音是有效交流的第一要素，要念准字音就要尽可能使用普通话，避免方言发音带来的误读误听。

2. 一定要避免读音错误

相信很多人都知道一个笑话：我骑着自行（háng）车到银行（xíng）去问行（xíng）长行（háng）不行（háng）。

汉语是世界上最复杂的语言之一，尤其是多音字、声调的不同以及字形相近且平时不常用的字，如果不细心的话，经常会出现口误而闹出笑话。

（1）口部训练：口部的开合练习。张嘴像打哈欠（保持下巴平稳），闭嘴如啃苹果（松下巴）。开口的动作要柔和，两嘴角向斜上方抬起，上下唇稍放松，舌自然平放。经常进行这个练习，可以克服口腔开度较小的问题。

咀嚼练习。张口咀嚼与闭口咀嚼结合进行，舌自然平放，反复练习即可。

双唇练习。一个方法是双唇闭合，向前、向后、向左、向右、向上、向下及左右转圈。另一个方法是双唇轻轻拍击，发出声响。

舌部练习。舌部练习方法较多，分列如下：舌尖顶下齿，使舌面逐渐上翘；舌尖在口内左右顶口腔壁，在门牙上下转圈；舌尖伸出口外，向前、向左右、向上下展；舌尖弹击硬腭，弹击上唇，练习舌尖的弹性；舌尖与下齿龈接触发出声响。

（2）呼吸发声练习：呼。立定站稳或一只脚稍向前，双目平视前方，头正，双肩放松，用鼻子吸进一口新鲜空气。保持几秒钟，然后再轻缓地呼气。

快吸慢呼。当你看到一封意想不到的来信时，你会迅速而短促地吸一口气，并保持气息，"啊"，然后保持这种吸气状态。你可以经常假想这种状态，反复练习，可以延长呼气时间，对吐字清晰、掌握运气有帮助。

上述方法，只要坚持练习，就可以使你的发音准确，使你的音色更圆润。

有声语言怎样正确练声

声带发出来的音是单调乏力的，只有经过头腔、口腔、喉腔、胸腔等共鸣腔的控制才能产生洪亮悦耳的声音。要么激昂高亢一泻千里，要么清澈流转娓娓道来，要么平缓深沉宽厚低吟。

人的共鸣腔以咽腔为主，分为高、中、低三区。高音共鸣区，即头腔、鼻腔共鸣，可以获得高亢、响亮的声音。中音共鸣区，即咽腔、口腔共鸣，可以获得丰满、圆润的声音。低音共鸣区主要是胸腔共鸣，可以获得浑厚、低沉的声音。应用和控制各个共鸣腔并求得整体配合可美化音色，加大音量，使声音变化无穷。

下面介绍几种练习方法。

（1）"哼鸣"练习：放松喉头，把"哼"的感觉置于叹气的呼吸状态上。练习时不能太紧张。检验方法：哼唱时观察嘴巴能否灵活动作，若可以则为正确。

（2）半打哈欠：即闭口打一个哈欠，喉咙呈打开状，软腭提高。

（3）气泡音练习：嘴闭，用轻匀的气流冲击声带，使之发出细小的抖动声音。

（4）模拟汽笛长鸣（di——），可进行平行发音，也可由小到大或由大到小变化进行。

（5）模拟声乐节奏发"minimi，mfimoxnfi"。

（6）呼唤练习：假设一个对象分别处在50米、100米或更远的地方，大声呼喊："小程——等——等等！"

（7）音阶层递练习：

由低到高，由高到低或高低变化层递训练。如：

天啦！走开！

天啦！走开！天啦！

走开！请安静！

我们开始上课啦！

（8）夸张四声练习：

山——明——水——秀；

风——调——雨——顺；

阴——阳——上——去；

逆——水——行——舟；

刻——骨——铭——心；

胸——怀——广——阔；

鲲——鹏——展——翅。

有声语言怎样清晰咬字

有些人说话时别人听不清，听不明，听不准。主要原因是吐字不清，归音不到位。吐字归音是说唱艺术中传统的咬字方法，即把音节的发音过程分为出字、立字、归音三个阶段，出字要准确，有叼住弹出之感；立字要圆满、充实；归音要鲜明、干净。整个过程类似枣核形。可以用下列方法当材料进行训练：

（1）弹唇：双唇紧闭阻住气流，然后突然打开，爆发b或p音。

（2）转唇：双唇紧闭，用力噘起，顺时针转360度再逆时针转360度。

（3）弹舌：舌轻触上齿背，用气冲击使舌跳动。

（4）卷舌：用"er"练习。

（5）练习下列绕口令：

荞麦摘巴苞谷摘巴。

妈妈骑马，马慢妈妈骂马。

妞妞轰牛，牛拗妞妞拧牛。

语言能力要如何练习

中国语言博大精深，口语是人们日常生活中的必需品，别人理解我们的思想一般依靠前后连贯、相对完整的语言来实现。表达能力不强且缺乏训练的人，经常会出现语言吞吞吐吐、词不达意、前后脱节等问题。因此，对于这些问题，语言训练的目标就是能够培养他们完整、准确的口语表达能力。

首先，增大词汇量。

词汇是语言的基础，一个人不能说出他不知道的事情，同样的，也不能说出自己不知道的词汇。所以语汇贫乏就会造成语流阻断、语言无味、语无伦次。

为了解决这一现象，增加词汇储存量，可以积累各方面富有表现力的词汇、短语，使语流更准确、更顺畅。

增加词汇量的方法有很多，可以通过与其他人的交流从他们身上学习自己没有掌握的词汇，也可以通过阅读字典、词典来增加自身的词汇储备。此外，还可以通过专门的普通话训练，一方面增加词汇量，另一方面也能够纠正读音。

其次，炼句的训练。

在生活中，人们都讨厌说话啰唆重复的演讲者。

一个人在说话前如果没有想好要说些什么、怎么说，就会无可避免地产生无法凝聚思维语言的现象，这就导致了言不及义。炼句的训练就是为了避免这种现象，使演讲者的语言简洁利索。

在炼句的训练中，我们可以倾听别人的演讲，寻找其中的语言缺陷和用句的精妙之处；也可以和朋友互相联系，让对方故意讲一句或一段不精练的话，然后对这个句子进行改写；同时也可以将原本没有问题的句子进行缩写，例如"一句话新闻"。

最后，联系使用各种句式。

不同的句式能够表达不同的感情，因此在演讲中，应避免通篇运用陈述句，以免让听众觉得无聊。

句式训练的目的是培养运用多种句式推动语流畅通，增强表达效果的能力。重点训练长短句的交错和多重复句、插入、倒装等句式的运用以及陈述、疑问、祈使、感叹句式的组合使用。

如何练就流利的普通话

一、声母训练

普通话声母：

按汉语语音传统的分析法，一个音节可以分为声母、韵母、声调几部分。声母指音节开头的辅音，如fei yue（飞跃）两个音节中的f和y, gong jiao che（公交车）三个音节中g、j、c。

普通话由辅音充当的声母有21个，还有一个零声母。

b p m f d t n l g k h j q x zh ch sh r z c s

二、平、翘舌音训练

（一）训练要领

z c s发这三个声母时，舌头平伸，舌尖与上齿背接触形成阻碍。

zh ch sh发音时，舌尖上翘，与硬腭前部接触形成阻碍。

（二）对比训练

1. 字对比

损——顺，长——仓，参——掺，春——村，早——找，从——虫，苏——书，缩——说，森——深，沙——洒，三——山，脏——张，谆——尊，怎——真，扎——杂，资——知。

2. 词对比

粗布——初步，擦车——叉车，乱草——乱吵，史记——死记，师长——司长，商业——桑叶，私人——诗人，自立——智力，栽花——摘花。

3. 组词对比

作者，滋长，种族，转载，残春，操场，冲刺，揣测，飒爽，私事，疏松，世俗，财产，声色。

4. 听辨训练

推辞——推迟，三角——山脚，资源——支援，主力——阻力，征兵——增兵，照旧——造就，棉纸——棉籽，事实——四十，诗人——私人，鱼翅——鱼刺，一成——一层，竹子——卒子，最粗——最初，摘桃——栽桃。

5. 绕口令训练

这是蚕，那是蝉。蚕常在叶里藏，蝉藏在树里唱。

四是四，十是十，十四是十四，四十是四十，十不能说成四，四也不能说成十。若是说错了，就要误大事。

战士史有志，喜欢看报纸。一看中央指示，二看国际时事，三看国内新闻，四看小说新诗。认不得的字就查字典，重要的内容就抄笔记。久而久之，学问挺深，大家就拜他为师。

要问他有什么诀窍，回答很妙：学无止境，坚持下去，时间抓得紧，不愁不长进。

三、鼻音与边音辩证训练

发鼻音n时，软腭、小舌下降紧贴舌根，这时口腔通路关闭，鼻腔通路打开，气流振动声带，在鼻腔产生共鸣，从鼻腔流出。

发边音l时，软腭、小舌上升，堵住鼻腔的通路，气流振动声带，从舌的两边流出。下面做下对比训练。

1. 字的对比

老——脑，刘——牛，路——怒，类——内，赖——耐，年——连，诺——落，龙——浓，闹——捞，拉——拿，冷——能，连——年，列——涅，吕——女，零——宁。

2. 词的对比

新粮——新娘，旅客——女客，呢子——梨子，新连——新年，脑子——老子，水牛——水流。

3. 组词对比

冷暖，老年，能量，奴隶，凝练，暖流，嫩绿，历年，尼龙，老农，落难，鸟类，年轮，奶酪，农林。

4. 听辨训练

褴褛——男女，老路——恼怒，浓重——隆重，女伴——旅伴，留念——留恋，难住——拦住，大年——大连，无奈——无赖，脑子——老子，允诺——陨落，泥巴——篱笆。

5. 绕口令训练

有座面铺面朝南，门口挂个蓝布棉门帘。摘了蓝布棉门帘，看了看，面铺面朝南；挂上蓝布棉门帘，看了看，面铺还是面朝南。

门口有四辆四轮大马车，你爱拉哪两辆就拉哪两辆。小罗要拉前两辆，小梁不要后两辆。小梁偏要抢小罗的前两辆，小罗只好拉小梁的后两辆。

牛郎年年恋刘娘，刘娘连连念牛郎；牛郎恋刘娘，刘娘念牛郎；郎恋娘来娘念郎。

老龙恼怒闹老农，老农怒恼老龙，农怒龙恼农更怒，龙恼农怒龙怕农。

智慧链接

"翻到死"

一户潘姓人家长辈过世，家祭时请一位乡音很重的老先生来当司仪。

讣文的落款是这样写的："孝男：潘根科；孝媳：池氏；孝孙女：潘良悉；孝孙：潘道时。"这位老先生老眼昏花并且发音不标准。当他照着讣闻唱名时，凡是字面上有三点水的或左边部首都漏掉没看到。于是就给他念成这样子："孝男，翻……跟……斗……"

孝男一听，只觉得很奇怪，但又不敢问，于是就翻了一个跟斗。

老先生接着又说："孝媳，也……是……"

孝媳一听："我也要翻哪？"于是孝媳也翻了一个跟斗。

老先生继续说："孝孙女，翻两次。"

孝孙女一听，想想爸妈都翻了，我也翻吧！于是就翻了两个跟斗。

此时孝孙心想："老爸、老妈都各翻一次，姐姐也翻两次，那么我要翻几次？"心里想着想着就开始紧张了："怎么办？"只见老先生扯开喉咙，大声念出："孝孙……翻……到……死！"

这仅仅是一个为博人一笑的笑话，大多数人看过、听过也就算了，但是仔细想想，要是这样的事情发生在我们的实际生活中，那么我们是怎么也笑不出来了。

第五章
语言要素

妙语来自好气质

　　古人云："腹有诗书气自华。"俗话说："巧妇难为无米之炊。"这句话中的"米"，指的是各种各样的知识。广博、严谨的知识结构是表达者妙语连珠、左右逢源的坚实底蕴，更好训练口才需要具备的基本要素。培根在他的《论学问》中说："学问变化气质。"

　　当一个人在某些方面的经验和知识多于周围其他人时，他就对该方面的问题取得了发言权，并且在语言表达方面有充分的自信心。因此，只有具备多方面的知识，我们才能赢得更多的发言权，并能在与人交谈中占据主动。要求一个人什么都懂并不现实，但至少要在自己本专业知识和职业知识方面有足够的了解，尤其要多掌握一些文史哲方面的知识，这样，你就能出口成章，言之有物。

　　知识丰富会扩大一个人的想象力，而想象力会为思维和语言插上翅膀。要在语言表达中"飞"起来，就必须通过学习和实践长出这样的翅膀。不要等待运气降临，应该努力去学习知识。在现代商业活动中，好的企业家或者商人，都应该充分掌握商品或商品方面的知识，成为内行，甚至专家。唯有如此，你才能迅速而又准确无误地解答顾客的疑问，使你的产品在顾客的心目中具有重要的价值，从而轻易做成一笔生意。

如果你想拥有出众的口才，就要像酿蜜的蜜蜂那样，终日在生活的百花园里采撷；要像淘金的老汉那样，在沙砾中筛出真金。中国历代的丰富语言宝库、五湖四海的优秀语言财富，鲜明生动的民间语言、精心雕琢的书面语汇，都是我们应开掘的"富矿"。

首先，可以直接从生活中向人民群众学习语言。生活是语言最丰富的源泉，要使自己的语言丰富起来，就要从生活中汲取。老舍说："从生活中找语言，语言就有了根。"

学习语言要博采口语。俄国伟大的批判现实主义作家列夫·托尔斯泰称赞农民是语言的"大家"。语言的天才，的确存在于人民群众之中。比如我们讲话常用程度副词"很"字，如"很黑"。在人民群众的口语中，却用更精确、更形象、更简练的表达法："漆黑"。

学习语言还要多看，即勤于观察、体验，真正熟悉你的学习对象，掌握他的声调、声色等，而不是生搬硬套。

其次，要多读中外名著。"熟读唐诗三百首，不会作诗也会吟"的经验之谈，是大家所熟悉的。它告诉人们要提高口才技巧，就应多读名著。"穷书万卷常暗诵"，心领神会，自会产生强烈的兴味；体味语言的精微之处，就能唤起灵敏的感觉；熟悉名篇佳作的精彩妙笔，可以获得丰富的词汇，演说和讲话时优美的语言会不招自来。这件事并不是办不到的。只要潜心苦读，持之以恒，勤记善想，不断地应用，久而久之就可以像郭沫若所说的那样"于无法之中求得法，有法之后求其化"了。

最后，知识贫乏是造成语言贫乏，特别是词汇贫乏的一个重要原因。如果《水浒传》的作者不懂得江湖勾当，不知道开茶坊的拉线及趁火打劫的种种技巧，他就不可能绘声绘色地写出那个精明的媒婆王干娘。这个例子生动地说明，掌握丰富的知识和学习语言是紧密地结合在一起的。

谈吐幽默，会让你更受欢迎

幽默是一种才华，一种智慧，一种力量。富有幽默感的人本身就是一个强磁场，能聚拢人脉、扩大社交圈，更容易成就一番事业。正如美国一位心理学家说的："幽默是一种最有趣、最有感染力、最具有普遍意义的传递艺术。"学会幽默，你便拥有了受大家欢迎的一大资本！

在生活中，幽默能够帮助我们在社会交往中与人建立一种和谐关系。当我们希望成为能克服障碍、具有乐观态度、赢得别人喜爱和信任的人时，它就能帮助我们达到目标。

一次，一位英国出版商想得到萧伯纳对他的赞誉，借此抬高自己的身价。于是，他就去拜访萧伯纳。当他看到萧伯纳正在评论莎士比亚的作品时，就说："先生，您又评论莎士比亚了。是的，真正懂得莎士比亚的人太少了，算来算去，到目前为止也只有两个。"

萧伯纳已明白了他的意思，让他继续说下去。

"是的，只有两个人，这第一个自然是萧伯纳先生您了。可是，还有一个呢？您看他应该是谁？"

萧伯纳说："那当然是莎士比亚自己了。"

还有一次，萧伯纳应邀参加了一个丰盛的晚宴。在宴会期间，有一个青年在他面前滔滔不绝地吹嘘自己的才能，表现出一种不可一世的样子。

一开始，萧伯纳仔细地倾听，一言不发。但是听到最后，他终于忍不住了，便开口说道："年轻的朋友，只要我们两个联合起来，世界上的事情就无所不晓了。"

那人惊愕地说："真的吗？"

萧伯纳说："怎么不是？你是这样的精通世界万物，不过，你尚有一点儿欠缺，就是不知夸夸其谈会使丰盛的佳肴也变得淡而无味，而我刚好明了这一点。咱们合起来，岂不是无所不晓了吗？"

社交中的语言风采是人们在他人眼中形成印象的最主要部分，细数那些优秀的成功人士，他们的共同特征就是言语幽默。真正恰当的幽默是需要遵守一定规范的。，只要你能在幽默的时候提醒自己要合乎礼节，适时且适当，就能成为一个受欢迎的人。幽默是良好的修养，是充满魅力的语言。不可否认，言语幽默的人更容易获取成功的机会，但是在运用幽默的时候，有些忌讳是千万碰触不得的。

1. 忌不明确目的，不掌握尺度

幽默的目的有大有小、有远有近，在一般的社交场合中，幽默家一试身手有两个目的：一是把听众逗乐，让他们哈哈大笑，在自己努力创造的欢乐气氛中联络感情，办好事情；二是展示才华，表现自我。因此，在制造欢乐的过程中，我们必须注意幽默尺度的选择。

2. 忌胡乱借用英雄形象来幽默

每个时代不同的人群都有自己尊崇的"圣贤",即神圣、崇高的人物。当今社会,为众人所接受的英雄形象,能维护公众利益的权威形象,似古时"圣贤"一般,不可拿来作为幽默打趣的对象。

3. 运用幽默避免粗俗的内容

任何一种幽默都是建立在礼貌用语基础上的,不管在什么场合,好的语言习惯,才能成就好的语言风格。在现实生活中,常常会有这样的人,说起玩笑话完全不顾场合、不分时机,甚至拿恶俗、不雅的语言当作幽默哗众取宠。这不仅是不文明、不礼貌的表现,更是一种侮辱他人,有损自己人格的表现。

4. 不调侃不如自己的人

客观地说,站在你的角度上,比你混得差的人可笑之处肯定不少,但如果总是津津乐道地笑话不如你的人,你就会被别人笑话,笑你不厚道、笑你没出息,专拣软柿子捏。高明的幽默一般是将聚光灯对准"大人物"。

5. 忌拿别人的伤疤作为幽默对象

这其中的道理,即使不讲,大家也会明白,只要心智健全、富有同情心的人都会理解这一点。拿别人伤疤作为搞笑材料,显示自己的幽默感是非常愚蠢的做法。不仅不会给人带来乐趣,反而会令人反感。

随机应变，巧用幽默来解围

尴尬是生活中遇到处境窘困、不易处理的场面而产生的一种张口结舌、面红耳赤的心理紧张状态。此时，如果能调整心态、灵活应对，以戏谑来冲淡它，就可以收到良好的效果，从而化解紧张的气氛。

丘吉尔说过："除非你绝顶幽默，否则就无法处理绝顶重要的事，这是我的信念。"杰出的政治家经常用幽默化解对手的攻击或一些不便回答的问题。

丘吉尔任国会议员时，有位女议员十分嚣张。一天，她居然在议席上指着丘吉尔说："假如我是你老婆，一定在你咖啡杯里下毒。"

狠话一出，人人屏息。却见丘吉尔顽皮地笑答："假如你是我老婆，我一定一饮而尽！"结果，全场人士及那位女议员都忍不住笑了起来。

在一些尴尬的场合，恰如其分的幽默能通过自我排解的方式保护自尊心，而且能体现出说话者宽广大度的胸怀。

幽默历来是最妙的语言艺术，世界上很多伟大的人物都曾展现过自己幽默的语言天赋，并以此化解自己或他人遭遇的尴尬局面。

大哲学家苏格拉底的妻子性情非常急躁，经常当众给这位著名的哲学家难堪。有一次，苏格拉底在与几位学生讨论某个学术问题时，他的妻子不知何故，忽然叫骂起来，震撼了整个课堂。继而，他的妻子又提起一桶凉水冲着苏格拉底泼了过来，致使苏格拉底全身湿透。

当学生们感到十分尴尬而又不知所措的时候，只见苏格拉底诙谐地笑了起来，并幽默地说："我早知道打雷之后一定要跟着下雨的。"这一忍让的幽默虽话语不多，却使妻子的怒气出现了"阴转多云"到"多云转晴"的良性变化。大家听了都欣然大笑起来，更敬佩这位智者明哲高超的文化素质、艺术修养和坦荡胸怀。

幽默是恰当运用语言的艺术，许多成功的人都深谙讲话之术，能把幽默运用得当一定会为你的事业推波助澜。

1832年，安德鲁·杰克逊参加美国总统竞选时，一位母亲把一个脏兮兮的小孩儿交到杰克逊怀里。杰克逊真想马上把小孩儿还给那个母亲，但他随机应变，热情地说："看这孩子的眼睛多么明亮，四肢多么强壮，而嘴唇又多么甜蜜。"说到这里杰克逊把小孩儿交到他的朋友约翰的手里，并吩咐道："吻吻他，约翰！"约翰不得不在众目睽睽之下，亲了亲小孩儿那肮脏的脸蛋。而这一幕却使人们认为杰克逊是一个充满爱心的人。这一年，杰克逊终于如愿以偿，当选为美国第七任总统。

幽默是一种奇妙的语言，它能激起普遍的欢乐和快感，将大家带进愉悦的氛围。那么，当我们遭遇窘境时，该如何利用幽默为自己解围呢？不妨从以下两点入手。

1. 采用"趣味思维"方式

"趣味思维"是一种反常的"错位思维"，即不按常规的思路走，而是"岔"到有趣的方面去，从而捕捉到生活中的喜剧因素。

拿破仑的身高只有168厘米。当年他担任意大利军总司令时，曾对比他身材高大的部下说："将军，你的个子正好高出我一个头；不过，假如你不听指挥的话，我就会马上消除这个'差别'。"严厉中，显示出了拿破仑的幽默和自信。

在这里，拿破仑并不避讳自己个子矮的弱点，反而从自己身上找到了"喜剧因素"。他的思维"错位"使他想的同别人不一样，于是便产生了幽默。

2. 在瞬息构思上下功夫

用幽默解围是一种"快语艺术"，它需要的是灵光一闪的智慧。你必须想得快，说得快，触景即发，涉事成趣，既出人意料之外，又在情理之中。

比如，有位老师问一位学生："马克思是哪国人？"

学生说："是英国人吧？"

教师煞有介事地说："哦，马克思有时也会搬家的。"

学生对这样常识性的问题都答不出，可能令老师不快，但他幽默的语言脱口而出，包含了对学生善意的批评，又给对方解了围。

尴尬场合，得体合适地运用幽默可以平添风采。做一个说话幽默的人，需要我们用一种趣味的角度看待发生在自己身边的种种事情，只在一念之间，悲剧变喜剧。请在自己的心里撒下幽默的种子，不用多久，你会发现，自己是世界上最富有的人！

诙谐的语言能带给人快乐

幽默的语言能够活跃气氛，缓解紧张，化解矛盾。它能使紧张的气氛由冷变热，使消极的情绪由阴转晴，使双方对话能够在愉快、轻松的氛围中顺利进行，达到预期的目的。一个善于运用幽默诙谐语言的人，能给他人带来欢乐，也能使自己成为一个吸引人的社交高手。

幽默的语言往往给人以诙谐的情趣，又使人在笑意中有所领悟，适当地使用幽默的语言，可以打破僵局，可以回敬对方不礼貌的言辞，也可以使严肃紧张的气氛顿时变得轻松活泼起来，甚至可以缓和或解决矛盾。

在一辆公共汽车上，由于急刹车，车厢里的一个小伙子猝不及防地撞到了一位姑娘身上，姑娘当时很不高兴，气冲冲地说了一句："德行！"意思是指责那个小伙子缺德。那个小伙子立刻解释说："对不起，这和'德行'无关，是惯性。"

一句话引起了乘客们的一片笑声，那位姑娘也在众人的笑声当中原谅了小伙子的无意失礼行为。

人与人之间因为各种小的摩擦造成彼此之间不愉快的场面很多。上面例子中的那位小伙子如果一本正经地加以解释，恐怕要大费口舌也起不到太好的效果，或者是针锋相对地回敬一句，则可能引起一场无谓的争吵，导致不欢而散。而这句"对不起，这与'德行'无关，是惯性。"既不失礼貌，又对自己没有站稳的原因进行了准确、恰当的辩解。同时，在幽默诙谐中对那位姑娘极不礼貌的话给予了反击，真是无可挑剔的回答。

有人说："一颗快乐的心，更胜于怀着一只药囊，可以治疗心中的百病。"让生活中增添笑声和乐趣，幽默诙谐的语言少不了。但是，要想提高说话的幽默水平，掌握适当的幽默技巧是必需的。

1. 巧用笑话

适当讲些笑语，可以使语言充满幽默感，从而缓解人们的紧张情绪。某公司的一次非正式会议中，面对一个棘手的问题，经理感叹地反问："恐怕再也不会有如此巧合的事情了吧？"坐在对面的小张说："有，我爸爸的婚礼和我妈妈的婚礼恰好在同一天举行。"一句话打破了沉闷的气氛，给大家带来了欢乐。

2. 适度夸张

运用夸张的方法来表现幽默，博人一笑的效果也非常鲜明。比如，你有事找一位朋友，但对方就是不接听电话，你只好亲自找上门。一见面你可以这样说："你可真难找，给你打了100多个电话，打得我的手机都死机了……"运用夸张式的幽默语言，既巧妙地批评了对方不接电话，又避免让对方生气。

3. 自我解嘲

有时候，自我解嘲也能营造一种幽默的气氛。比如，在别人请你唱歌时，而你又不善歌唱，便说一句："我五音不全，唱起来怕把你们吓跑了。"再如，有人见你唱歌跳舞，说你生活很充实，业余娱乐不错时，你可以说："我这是叫花子过年——穷欢乐。"这样的自我解嘲，也是幽默的表现。

鸡蛋好吃，没必要认识下蛋的鸡

文学大师钱锺书先生，是个甘于寂寞的人。他最怕被宣传，被媒体炒作，更不愿在报刊上抛头露面。

当他的《围城》一书在全国出版后，国内外都引起了轰动。许多人对这位作家比较好奇，想见一见他，但都被他拒绝了。一天，一位英国女士打来电话，表示她很喜欢《围城》，想见见钱先生。钱锺书觉得她是外国友人不便直接拒绝，便婉言谢绝。但这位女士仍不甘心，不断地给钱锺书打电话。

于是，最后一次钱锺书说了一句："假如你吃了个鸡蛋，觉得味道不错。那你有没有必要非认识那只下蛋的母鸡呢？"

一句话，让这位英国女士也不便再继续纠缠下去，但也并不觉得面子上过不去。

钱锺书先生以巧妙的类比婉言谢绝了对方的要求，这样的说法不仅没有让对方丢面子，而且还达到了拒绝的目的。

第六章

应变驾驭

增强心理调控能力

调控情绪有两大优点：一是观察别人的变化，找出破绽；二是免增烦恼，精心做自己的事。

一个人如果没有调整情绪的习惯，就有可能失去自己行为的尺度。

1. 学会心理调控

凡成大事者，不是让情绪驾驭自己，而是自己驾驭情绪，成为情绪的主人。例如，他们抑制冲动、避免争论、善听批评、开放胸怀、力戒不满情绪外露等。这些控制情绪的习惯，看起来不起眼，实则是沟通中不可缺少的重要组成部分。

美国石油大王洛克菲勒，擅长运用情绪战术达到自己的目的。他曾经在法庭上，漂亮地击退了一位名律师。

"洛克菲勒先生，你收到我寄给你的信了吗？"律师拿出一封信，以严肃的口气问道。

"收到了！"洛克菲勒回答。

"你回信了吗？"

洛克菲勒面带微笑，不疾不徐地回答："没有。"

其后，律师一封又一封地拿出了十几封信，一一询问洛克菲勒，而洛克菲勒也以相同的声音和表情，一一给予相同的回答。

法官偏过头来问洛克菲勒："你确定收到了吗？"

"是的，先生，我十分确定。"洛克菲勒镇静地回答法官。

律师忍不住面红耳赤地怒吼道："你为什么不回信，你不认识我吗？"

"我当然认识你呀！"洛克菲勒依然面带微笑地回答。

这时候律师已经控制不住自己的情绪，暴跳如雷，不断咒骂，洛克菲勒却不动声色，好像对方所讲的事，跟自己一点儿关系都没有。

最后，法官宣布洛克菲勒"胜诉"，律师因为情绪失控而乱了章法，法官认为该律师已无法继续辩论下去。

在任何场合，我们都有可能遇到不顺心的事，甚至是被羞辱的事情。在这种情况下，我们首先要做到的，就是保持克制，然后再根据自己所处的环境，抓住有利时机进行反击。

要想维护自己的正当利益，仅仅采取愤怒的反应方式是不够的，还应该经由理性思维去找出更好的应对策略。当一个人对自己有了正确、全面的了解时，他也同时能以一种理性的方式去思考别人和周围的事物。环境的突变、事件的突发，他都能理智分析，泰然处之。理性的人善于控制自己，他能够很快适应周围的人。由于他的自控能力，别人会更加尊重他。

2. 心理调控方法

（1）深呼吸

深呼吸可缓解紧张情绪，使僵硬的声音气息得到调整。大口吸气还是无济于事，只有深吸一口气，然后摸摸喉咙，感觉一下颈部的肌肉。此时再屏气，关键是呼气而不是吸气。呼气时要徐徐地发出"嘶"声，稳定持续地呼气，并收缩腹部三角区的肌肉，借此缓冲、平静一下过度的心跳和急促的呼吸。当你吐完气时，再放松肌肉，然后轻轻吸气。

（2）心理诱导

心理诱导法是用含蓄的暗示方法对人心理和行为产生影响，给大脑以兴奋地刺激。这种心理影响表现为使人按一定的方式行为或接受一定的意见或信念，树立必胜信心，克服一切不利因素。

无论是自我暗示还是他人暗示，进行心理诱导时，切忌用消极暗示，诸如"别慌""别紧张"等暗示，这些暗示可能会引起不良反应，反倒容易导致心理负担产生。所以应当尽量避免去想可能使自己不安的反面刺激，不断鼓励自己，给自己打气。要用积极的暗示，如"我一定能成功""我状态很好""我会顺利"等，这些积极的暗示对心理诱导作用影响很大，一定的目标和意志能够在一定程度上控制自己的情绪，克服紧张情绪的不良影响。

（3）自我心理调控

"自我心理调适"是运用心理学的原则和方法来自我调整心理失常的感觉、认识、情绪、性格、态度和行为，使失调的大脑神经机能得以恢复，从而使自己异常的情绪和行为得到减轻甚至消失。心理学家认为一个有成就的人应该是一个心理健康的人。他应当具备以下条件：

有积极进取的人生态度；

有强健的体魄；

有大无畏的精神；

对未来的成就充满希望；

享有良好的人际关系；

懂得运用这种信心；

愿意与家人分享自己的成就；

愿意以博爱精神去工作；

胸襟开阔，能容人容物；

有良好的自律性；

有了解他人和世事的智慧；

享有宁静充裕的生活。

以上成功者所必备的特征中，除了"有积极进取的人生态度"和"享有宁静充裕的生活"两条以外，其余几条均是从个体心理和人格角度来说的。因此，我们不难发现，努力完善人格是个性发展的根本，而事业的成功只是完善人格的结果。心理学家提出的成功者必备的十二个条件，应该成为我们进行自我心理调适、塑造完善个性、造就成熟人格的准则。

思维训练的方法

说话交谈是思维的外化，是思维的一种工具，思维是语言的内容，没有思维就没有语言。语言表达的过程，实际上是把思维的结果表述出来的过程，说话交谈就是从内部言语向外部言语转化的过程。

确定说什么是一种思维活动，在说什么与怎么说之间进行着快速的转换过程：思想——句子类型——词汇——语音。这个过程是完整的，任何一个环节出了差错，都会影响表达。因此，从思维到语言的转化过程十分重要，进行这方面的基础训练有利于我们对语言的控制能力，从而更好地驾驭语言，发挥语言的魅力。

1. 定向思维训练

定向思维是指按常规恒定模式进行的思维。定向思维的训练可培养我们对问题深入思考的能力，有助于养成深入分析问题，透过现象看本质的良好思维习惯。

可拟定一些比较容易的题目进行训练（叙述、说明、介绍方面）。为了使思维有条理，可在表达中插入一些常用的言语链。比如关联词"因为……所以……""之所以……是因为……"可以按时间的先后和位置的移动进行表达；可以采取先总后分、先分后总等方式练习。

2. 逆向思维训练

逆向思维训练是反过来想一想，变肯定为否定，或变否定为肯定；变正面为反面，或变反面为正面。例如，世人一般把"这山望着那山高"喻为贪心不足而赋予贬义，如果化贬为褒，将其含义用于人类勇于向新的科学高峰攀登的赞颂中，岂不又是肯定它了？例如，用爱因斯坦敢于取代牛顿经典物理学，运动员一次次刷新纪录等事例说明人就是要有"这山望着那山高"的进取精神，批评那种"无为而顺其自然"的"知足常乐"的消极态度。

逆向思维能培养逆向思考问题的能力，发表独立见解的能力。

3. 发散思维训练

发散思维是使表达者朝各种可能的方向扩散并引出更多的新信息，从而达到创新的种思维方式。这里介绍三种训练方法。

（1）链接法

承接上一位表达者的话茬继续往下说的训练方法。戴尔·卡耐基训练学员即兴演讲就常用此法。卡耐基叫一位学员开始叙说一个故事。比如，这位学员说："前几天我正驾着直升机，突然注意到一大帮飞碟正朝我靠近。于是我开始下降、靠近，可飞碟里却有个小人开始向我开火，我……"说到这里，卡耐基要求他停下，然后要另一个学员接下去。

（2）连点法

将头脑中闪现出的人、事、物和散点按照一定的顺序和结构连缀成篇。比如用：花儿、气息、跑，另一段话，如下面一例。

"置身各位青年朋友之中，我似乎感到春天的气息扑面而来。大家都很年轻，都有花儿样的青春、花儿样的年龄、花儿样的生活，愿大家作帆船，乘风破浪，挺进大海；愿大家作骏马，飞奔未来，跑向光辉灿烂的明天。"

（3）联想法

联想法是由一事物想到另一事物的训练方法。其特点是闻一知十，触类旁通，使说话具有流畅性、变通性。可以运用以下题目进行训练。

出示一根玻璃棒，要求训练者通过联想，迅速说出它像什么。

出示一个红色球，要求训练者通过联想，讲述我们的生活充满阳光。

展示一幅画，画上画两只小鸡，要求训练者表达人生并非一帆风顺。

促进脑筋灵动性

有时候，在说话的过程中，我们需要做的，可能仅仅是脑筋转一下弯而已。不费吹灰之力，就能解决问题，何乐而不为？

有位著名的演员参加了一场公益演唱会，她要演唱两首歌曲，第一首歌唱到一半时，她突然忘了歌词。

怎么办？

这位演员灵机一动，依然浑然忘我地随着乐队的演奏起舞，嘴巴一张一合，看起来好像还在唱歌。观众只听见了演奏曲，没有听到歌声，一直等到这位演员想起歌词，麦克风才忽然有了歌声。

这位演员一曲唱完走到后台，只见负责麦克风的工作人员满头大汗地跑来，不住地对这位演员鞠躬道歉：

"真是对不起，我明明事先都检查过了，不知道为什么忽然坏了，真是抱歉。"

这位演员笑了笑没答话，又回到舞台上了。

俗话说，救场如救火。这救场说的就是舞台上发生的紧急突发状况，从应付这种突发状况上，也能看出演员功底的深浅。

在日常生活与工作中，如果出现了意外的情况，就要求我们能够处变不惊，凭借临场发挥，方可稳操胜券。看看下面这个故事：

某市公安干警小张为了跟踪侦查贩毒集团主犯，登上开往A地的客轮。途经一处著名景点时，旅客们纷纷走出船舱观看两岸的奇秀景色。毒贩走了出去，为了监视住罪犯的旅行箱，小张装成看书入迷的样子，独自一人留在舱内。过了一会儿，一个女人走进船舱，见舱内只有小张一人，便笑哈哈地走到他的床前，突然脸色一沉，一把扯开自己的衬衣纽扣，压低嗓门儿对小张说："快把钱包给我，否则我要喊人了，说你耍流氓调戏我。"

面对这一突如其来的情况，小张愣住了。他想出示证件制服这个女人，但这样做自己的身份就暴露了，跟踪任务就无法完成。若不暴露自己，眼前这个情况又难以对付。他突然想到自己上船以后还没有说过一句话，心生一计，便打着手势，嘴里哇哇叫着，然后用笔写道："我是聋哑人，不知道你在讲什么。"那女人一下子愣住了，看着屋里没人，也在纸上写下了自己的讹诈要求。小张立即把纸条夺过来，往自己的口袋一塞，站起来说："你快给我出去，不然我把纸条交给乘警了。"

这个女人只好悻悻地离去。

小张在进退两难的时候运用装聋作哑的方法将计就计，巧妙获得了对方讹诈的证据，一下便将对方制服。说话过程中灵

活机动，并不意味着要小聪明，任何一种语言表达，都不需要
用小聪明来进行掩饰。语言灵活更多的是在具体情况下的一种
应对措施。

必须坚持的原则

在与人交流时，有时候我们必须顾及他人的想法与感受，
但为了能将自己的意思表述得更加恰当与完整，我们也需要在
语言上表现出强势与肯定的态度。如何处理好这两者间的关
系？以下两点可以作为我们的日常参考。

1. 以他人的角度来看世界

有人认为，自己的观点是唯一正确的看法。他们不去检验
自己的看法，不知道自己很多的见解只是假设和偏见。指出他
们的错误不是个人的工作，由于个人不能改变别人或至少不能
期望改变他们，所以若要设计出一项协议，就必须避开这些先
入为主的观念。

有效地了解别人，你需要像别人那样看外界。当你有能力
以他人的观点看问题时，你就能明白别人需要什么，也使他们
觉得意见正确因而快速和完整地听取你的意见。

2. 树立自信

从历史来看，能在事业上有所建树的人有一个共同的特
点，那就是自信。他们在进行语言表达的时候，思维敏捷，谈

笑风生，应付自如。但是大多数人却做不到这一点。其实每个人都多多少少有怯场的经历，而非个别现象。

人之所以怯场，是因为缺乏自信。那么，怎样才能树立自信心呢？

第一，要做好充分的准备。在你讲话之前做好应对各种意外情况的准备。首先不要背词。很多人为了避免冷场而栽在背诵的陷阱里。一旦养成这个习惯，就会不可救药地从事这种浪费时间的准备，从而破坏说话的效果。这样所说的话会很死板，不是发自内心，只是出于记忆。

然后预先将信息汇集整理，汇集那些从实践经验中汲取的思想、概念。真正的准备是思考，只需一点专注和思考便能达到目的。

第二，树立成功的决心。我们可以全身心投入自己的信念中，详细研究，抓住更深层次的意义。同时我们不要过多考虑令人紧张的负面情绪，总是想自己会犯什么错误，会出洋相。在这种反面假想支配下，我们的信心是很容易被击垮的。要时时为自己加油。当消极思想开始腐蚀你的时候，你就应该为自己打气，用明白、坦诚的言辞告诉自己：我能行。事实上，真诚的鼓励是必要且必需的。

克服当众讲话的恐惧，树立自信，对我们做任何事都有极大的心理暗示作用，并且发现我们的思维甚至性情都潜移默化的改变。那些接受挑战的人，会发现自己人品极佳，素质极高，发现自己已经脱胎换骨，进入更丰富更美满的人生。

一位销售人员说："克服恐惧后，我感觉任何人都可以应付了。即便是特别凶悍的客户，他还没来得及拒绝，我已经将商品放在了他的面前。结果，他给了我一份大订单。"以前是困扰难解的事情，现在变成快乐的挑战和机遇了。

里根的"闪避式"回答法

美国前总统里根在访问我国期间，曾去上海复旦大学与学生见面，有一个学生问里根："您在大学读书，是否期望有一天成为美国总统？"

里根显然没有预料到学生会提出这样的问题，但这位政治家颇能随机应变，他神态自若地答道："我学的是经济学，我也是个球迷，可是我毕业时，美国的大学生有1/4要失业，所以我只想先有个工作，于是当了体育新闻广播员，后来又在好莱坞当了演员，这是50年前的事了。但是我今天能当上美国总统，我认为是早先学的专业帮了我的忙，体育锻炼帮了我的忙，当然，一个演员的素质也帮了我的忙。"

里根这一段精彩的回答自有他独特的魅力，他采取"闪避式"的回答方式，避开了学生提出的问题不谈，从其他角度巧妙地回答了难以对答的发问。

我们在工作、生活中也会经常遇到类似的问题，对这样的语势"锋芒"，采取断然回避的方法固然不行，"意在言外"可以说是一种较高的语言境界。表面上答非所问，实际上是以退为进。因此可以说"避锋"是为了"藏锋"，"藏锋"是为了更好地"露锋"，这样的语言自然会有较强的魅力。

第七章
说话尺度

赞美得好可以调和人际关系

在办公室共事，一般人常常容易留心别人的缺点而忽视别人的优点及长处。因此，发现别人的优点并由衷地赞美，就成了办公室难得的美德。无论对象是你的上级、同事，还是你的下级或客户，没有人会由于你的赞美而生气，肯定会心存感激而对你产生好感。

赞美手法运用得巧妙，能让你的上级欣赏你，让你的同事帮助你，让你的工作得以顺利完成，为每个人营造一种和谐的办公室气氛，同时自己做人的尊严和修养也得到展现，事业的成功也就离你不远了。

有一句谚语应该牢记在心："赞美别人的人才是真正值得赞美的人。"

但在办公室里，总有令人感到虚假的"赞美"。他们总像戴着一张面具，不分场合和时间，巴结他遇到的每一个人，他说得出口任何过头的话。他们认为向上司大献殷勤就能轻而易举地得到提升，而不想以认真工作来取得成功。

聪明的人并不这样认为。赞美别人并不是全部工作，只是建立良好的人际关系，使自己的工作得以顺利完成、目的得以顺利实现的一种方法。

赞美一定是源自内心的，是自然而然的善意，不需要你绞尽脑汁，处心积虑，也不需要你时时小心谨慎。

每一次赞美都是一次学习的过程，把他人的优点作为自己效仿的榜样，别人也就会很乐意帮助你，不要立即赞同别人的意见，给自己一段时间，表现出你的谨慎，然后给别人进一步表明意见的机会，让你被他们说服。这样你的赞同就会更具价值。

在任何场合，对任何人，都要用适当的方法加以赞美。赞美能够被看作是对未来的投资，哪怕是别的部门的领导，或者是你厌恶的人，也应该对他们的长处加以赞赏，这样会给你带来回报。

赞扬不只要说好话，还要说让人舒心的话。

如果你不相信对方，认为对方不值得赞美，赞美就没有必要。虚伪的赞美会使自己陷入无法摆脱的困境，对方会认为你是在嘲讽而不是在赞美。

赞美可以很好地调和人际关系。但当着上司的面直接予以夸赞，既容易发生尴尬又很容易招致周围同僚的反感、轻蔑，从而给自己树敌。所以，赞美上司最好是背地里进行，如在公司的其他部门，当上司不在场的时候，大力地赞美一番，这些赞美终有一天会传到上司的耳中。

和上司一起到顾客那里，如果部下抢太多风头，滔滔不绝，会令上司觉得难堪，难免在心里不舒服。所以，最好的应对方式是细节部分由属下做说明，上司来概括全局部分。

另外，以"经理，您认为如何"征求上司的同意、许可，表面上降低自己身份，做了穿针引线的工作，事实上谈话的主动权却被自己掌握。

在归途中，为你的这个机会向上司表示感谢，并强调是因为上司的原因，才取得了这样好的效果。日后，如果同顾客达成了交易，要再次感谢上司，感谢上司的相助。"感谢的话，不嫌多"，何必要吝惜呢？

凡事不能把话说绝

当有矛盾以后，不管是谁心里都会不舒服，极易失态，一时说了狠话，也只是暂时感到痛快，而自己的名声和相互之间的关系则受到了伤害。无论有多大的矛盾，我们也要有一个底线，不要把话说得太绝，给彼此台阶下。

一个客人在一家卖场买了件衣服，希望退掉它。之前她穿过一次，而且衣服还洗了，但她说"我肯定没有穿过"，强烈要求退货。

售货员看了看衣服，干洗的痕迹十分明显。如果直接提出这个观点，顾客肯定不会直接承认，她之前也说了"肯定没有穿过"，同时仔细地处理过了。

售货员见此情形，说："我觉得会不会是你的家人不经意间把衣服送到干洗店了，之前也有类似的事发生。我把新衣服和旧衣服放一起了，后来我老公不知情，把新旧衣服同时丢进洗衣机，会不会你也是这样而自己不知道，很容易就能看出这衣服干洗过了。你要是不相信，可以比较一下。"

在证据面前，顾客无话可说，同时售货员也站在她的立场考虑，让她有个台阶下。她顺着台阶下来，把衣服收走。

如果售货员直接揭露客人的所为，并坚持对方骗人，就让彼此无路可退了，接下来的场景可能十分尴尬。人们常常吃软不吃硬。尤其是一些性格十分刚烈的，如果你来"硬"的话，他就会比你更加强硬；如果你说话"软"，他也不忍心，也会改变自己说话的语气。

有时候人们会说，"这种情况下，我本来就不想和他继续当朋友，说绝交就绝交"。值得吗？一时的矛盾并不意味着绝交。

友好的分手并不会影响以后的和好。绝交有时候并不是因为彼此的感情彻底破裂，大部分是因为有误会。如果相互之间都用比较友好的态度，别把话说得太绝，总有一天误会会解除，彼此的关系还能修复，友谊才会开花结果。类似的例子很多。

但有的人不理解，只要和别人闹矛盾就争吵起来，与人针锋相对，互相谩骂争吵，不给双方留任何退路。这样虽然痛快一时，不过，在痛骂对方的时候，也就让自己显得一无是处。其他人会从这件事发现，为人这么刻薄，从来不留后路，行事如此冲动。在发生矛盾时保持冷静，从侧面体现一个人高尚的道德情怀。一般来说，很难判断一个人的度量。和别人有矛盾以后，你是如何反应的，也就洞若观火了。也只有品德高尚的人，才能保持冷静，理智地面对，不轻易说狠话。善意地阻止相互之间进一步受到伤害，展现自己的诚意。

低调说话，高调做事

网上流传着这样一句话：做人要低调。有人开玩笑说，应该要人们每天铭记在心里。之所以这样说，是因为现在的人们总喜欢出风头，炒作别人或者炒作自己，想把自己拔高，结果往往使别人越来越讨厌他们。

一天晚上，在举行丰富人性大集会上，有一位参加者，冲出来这样说道："真的令人很惊喜呢！我目前所学到的说服人的规则果真很有效果。在这个礼拜，我以时速45千米穿过时速50千米的限制区时，我往后视镜一看，我看到一闪一闪的红色灯——是巡逻车！我确知超速已被警察发现了，于是将车子停靠在停车线上，然后从车里走出来，往巡逻车的方向走去。此时警官正想开罚单，我就使用在此学习的说服规则，仅花了15分钟的时间，便成功地说服警官，他没有开罚单！"

参加者这种为了想要让别人对自己印象深刻的言行是极其愚笨的。他也许真的说服了警官，然而他无法说服别人与他交往，没有人会喜欢跟爱卖弄的人打交道，做朋友就更别提了。

在日常生活中与朋友交往，尤其是和一些地位与处境不如你的人交往，你内心是否会滋生一种居高临下的感觉？如果有，你应该及时消除人际交往中的这种有害心理。

轻狂傲慢的人在任何时间、任何地点都不愿放下架子，自高自大，不愿和人主动亲近，对人冷淡、清高，习惯性地在人们面前卖弄自己的特长和优点，时刻对他人居高临下。历史上许多伟大的人物往往谦虚平等、自信而低调。

曾经有一个学者，学富五车，精通多种知识，所以自认为无人可以和自己相比，很是骄傲。他听说有个禅师才学渊博，非常厉害，很多人在他面前都称赞那个禅师，学者很不服气，打算找禅师一比高下。

学者来到禅师所在的寺院，要求面见禅师，并对禅师说："我是来求教的。"

禅师打量了学者片刻，将他请进自己的禅堂，然后亲自为学者倒茶。学者眼看着茶杯已经满了，但禅师还在不停地倒水，水溢出来，流得到处都是。

"禅师，茶杯已经满了。"

"是呀，是满了。"禅师放下茶壶说，"就是因为它满了，所以才什么都倒不进去。你的心就是这样，它已经被骄傲、自满占满了，你来向我求教，怎么能听得进去呢？"

喜欢表露的人是很难结识到良师益友的，低调、谦逊是一种风度、一种情操。如果你不想让有真知灼见的朋友对你避而远之，最好收敛一些，把你的见识藏好。

高调做事，低调说话，并不是什么事情都退后，自己的利益被别人剥夺强占也不发出任何声音，自己的人格被别人侮辱也不反抗，这不是低调，这是懦弱。不要太招摇，不要有点儿小本事就拿出来显摆，不要有事没事就往领导跟前凑，然后作出一副领导面前红人的模样。什么事情自己心中都要有数，有本事慢慢拿出来用，在别人最需要的时候拿出来用，乐于帮助别人，为别人服务，这样才能成为一个受别人欢迎和拥护的人。

淡化色彩，表示不满

在公众活动中，经常可能遇到让人尴尬而不满的情景。在这种情景下不好生硬地表达不满，而应该淡化感情色彩。

著名科学家爱因斯坦风趣幽默，有一次，由他证婚的一对年轻夫妇带着小儿子来看他。孩子刚看到爱因斯坦一眼就嚎啕大哭起来，弄得这对夫妇很尴尬，爱因斯坦脸上也有些挂不住，但幽默的爱因斯坦却摸着孩子的头高兴地说："你是第一个肯当面说出对我的印象的人。"这句妙答给了这对儿夫妇一个情面，活跃了气氛，融洽了关系，当然也含蓄地表达了爱因斯坦的不满。

在这里爱因斯坦向我们显示了他在交际中的机智。面对孩子大哭给自己和年轻夫妇带来的尴尬，他干脆采用了自嘲的方式来帮助对方化解尴尬并表达自己的不满。然后放低姿态，用慈祥的语气表示自己对此态度的认同，淡化了感情色彩。

1988年8月3日，英国前首相撒切尔夫人在出访澳大利亚时参观墨尔本市市容，突然遭到爱尔兰共和军支持者的围攻。在示威者的一片谩骂声中，撒切尔夫人在澳大利亚警方的保护下仓促离去。对一个老资格的政治家来说，这是一种很尴尬的事情，而对东道主澳大利亚来说，也是丢脸的。在当晚的宴会上，撒切尔夫人在宾客好奇的期待和主人的困窘尴尬中，轻松地评论说："墨尔本是一个美丽而吵闹的城市。"哄然大笑之后，听众热烈鼓掌，大家为撒切尔夫人巧妙淡化、摆脱尴尬的技巧所叹服。

她把一场激烈的政治性示威淡化为城市由于人口高度密集而产生的喧嚣吵闹，使自己的不满在双方的笑声中表达了出来。

我们每天会遇到不同的人，遇见不同的事，这些人和事都会对我们的心情产生影响。如何表达我们的看法，而又不伤了彼此的和气，而且还能使彼此的关系继续发展，实在是一门深厚的学问。掌握得好，能让我们在与人交往中占据主动，化解尴尬，如果拿捏不准，只能给自己添加烦恼。

英国前首相威尔逊在一次竞选演讲中，遭到一个捣乱分子的挑衅。演讲正在进行，捣乱分子突然高声喊叫："狗屁！垃圾！臭大粪！"这个人的意思很明显，是骂威尔逊的演讲臭不可闻，不值得一听。威尔逊对此感到非常生气，但只是报以微微一笑，安慰他说："这位先生，我马上就要谈到你提出的环境脏乱差的问题了。"随之，听众中爆发出掌声、笑声，为威尔逊的机智幽默喝彩。

社交场合碰到别人的不恭敬言行，还真不能发作，但憋在心里也不好受。海明威曾说过："告诉他你不高兴，但在话中别出现'不高兴'这个词。"把表示不满的语言的感情色彩淡化一下，让双方知道你不高兴，又不至于破坏友好气氛，是个不错的方式。

实话要巧说，坏话要好说

在生活中，人与人之间交流是避免不了的，同时说话的双方彼此都希望对方能对自己实话实说。但在某些特定的场合下，如顾及面子、自尊，以及出于保密等，实话实说往往会令人尴尬、伤人自尊，因此，实话是要说的，却应该巧说。那么该如何才能巧妙地去表达呢？如何才能说得既让人听了顺耳，又欣然接受呢？在这里介绍几点，仅供参考。

1. 由此及彼肚里明

两个人的意见发生了分歧，如果实话实说直接反驳就有可能伤了和气，影响团结。这个时候我们就需要采取这种方法，因为这样可能会避免一些麻烦。有这样一个例子：

一次事故中，主管生产的副厂长老马左手指受了伤被送往医院治疗，厂长老丁来病房看望时，谈到车间小吴和小齐两个年轻人技术水平较强，但组织纪律观念较差，想让他们下岗一事。老马当时没有表态，只是突然捧着手"哎哟哎哟"大叫。丁厂长忙问："疼了吧？"老马说："可不是，实在太疼了，干脆把手锯掉算了。"老丁一听忙说："老马，你是不是疼糊涂了，怎么手指受了伤就想把手给锯掉呢？"老马说："你说得很有道理，有时候，我们看问题，往往因注重了一方面而忽视了另一方面哪。老丁，我这手受了伤需要治疗，那小吴和小齐……"老丁一下子听出老马的弦外之音，忙说："老马，谢谢你开导我，小吴和小齐的事我知道该怎么处理了。"

老马用手有病需要治疗类比人有缺点需要改正，进而巧妙地把用人和治病结合起来，既没因为直接反对老丁伤了和气，而且又维护了团结，成功地解决了问题。实在是高！

2. 抓心理达目的

这就是要抓住人的心理，运用激将的方法，进而达到自己真正的目的。

一位穿着华贵的妇女走进时装店，对一套时装很感兴趣，但又觉得价格昂贵，犹豫不决。这时一位营业员走过来对她说，某某女部长刚才也看好了这套时装，和你一样也觉得这件时装有点儿贵，刚刚离开，于是这位夫人当即买下了这套时装。

这位营业员能让这位夫人买下时装，是因为她很巧妙地抓住了这位夫人"自己所见与部长略同"和"部长嫌贵没买，她要与部长攀比"的心理，用激将的方法，巧妙地达到了让夫人买下时装的目的。

3. 藏而不露巧表达

运用多义词委婉曲折地表明自己要说的大实话。

林肯当总统期间，有人向他引荐某人为阁员，因为林肯早就了解到该人品行不好，所以一直没有同意。一次，朋友生气地问他，怎么到现在还没结果。林肯说，我不喜欢他那副"长相"。朋友一惊道："什么！那你也未免太严厉了，长相是父母给的，也怨不得他呀！"林肯说："不，一个人超过四十岁就应该对他脸上那副'长相'负责了。"朋友当即听出了林肯的话中话，再也没有说什么。

很显然，这里林肯所说的"长相"和他朋友所说的"长相"，根本不是一回事。林肯巧妙地利用词语的歧义，道出了"这个人品行道德差，我不同意他做阁员"这句大实话，既维护了朋友的面子，又达到了自己的目的。

第八章
面试口才

学会介绍自己

面试中常常要做自我介绍。主要包括：

1. 一般情况

如姓名、年龄、性别、民族、籍贯、政治面貌、健康状况、工作或学习单位、家庭住址等。

2. 学历及工作经历

如小学、初中、高中、大学、研究生等；工作经历有哪些，应按时间顺序排列，中间不留空白；若有一段时间既未学习也未工作，如在家待业、养病，也应有交代。

3. 职业情况

将工作的内容、时间、职务、业绩、效果、评价等一一介绍。

4. 其他情况

凡不属上述三方面的内容而又有必要介绍的，也可以酌情说一说。如家庭成员、与本人的关系、经济收入、住房情况等，还有自己的兴趣特长等。另外，如果对求职有什么要求，也可以提出来。

求职者总是希望展现才华，让招聘者了解自己。然而，表达自己的能力和才干也是一门艺术。如果一味地平铺直叙，大讲特讲自己的优点，很难让人信服。所以，在说出自己的能力后应补充说明。比如，当你说了"朋友们都说我是个很好的管理者"之后，应该举例证明，或者简略介绍一下你的管理方法。另外，如果有条件，即使不补充，也可以通过事实说明问题。

一家公司在招聘考试时，发现一位应试者成绩不太好，主考者问道："你的成绩不理想，平时学习没怎么努力吧？"应试者回答："说实话，我认为有的课脱离实际，就利用这些时间去做运动了。所以，我的身体特别好，还练就了一身的好功夫。"主考者对他的表演很有兴趣，应试者脱下衣服，一口气做了一百多个俯卧撑，使主考者大为吃惊，立即录用了他。

可以稍稍夸大一点儿自己的才能，只要说得合理就行。面谈者当然知道你不会"自道己短"，但别扯得太远，"吹嘘自己"时只要谈谈关于工作方面的内容即可，而且，切记要用具体事例来做支持。

比如，你说"我和其他工作人员关系很好"时，千万不能停下来，还要举一些具体事例来加以陈述，如："我和我的工作伙伴以及属下的关系总是很融洽，而且，我和从前每一位上司都成为好朋友。"

这里要记住：

（1）多讲正面的事；

（2）用事实说话；

（3）围绕工作展开讲述；

（4）逻辑清晰，简明扼要；

（5）主动让对方了解你的优点，从而录用你。

学会应对面试常见的问题

1. 你希望得到的薪水是多少

如果你对薪酬的要求太低，那么，别人就会怀疑你的能力；如果太高，公司受用不起；如果你不假思索地报一个数字，不管是否合适，都会显得你很唐突。所以，对自己所要从事的工作行情要有一个基本了解，可以不慌不忙地回答："我听说，这个职位的行情大概是……"这样借话应答，有回旋的余地。此外，还可以运用反问的方法。

2. 请谈谈你自己

这个问题很大，在开场白中也最为典型。从哪里谈都行，但滔滔不绝，讲上一个小时可不是面试者所希望的。显然，他想让你联系你的背景及想得到的职位进行回答，因此，当你回答这个问题时，务必记住下以三点：

首先，应把工作业绩、专业水准、特殊技能、潜在能力和发展方向作为回答的重点。绝不要以为考官对你的私事感兴趣，说一大堆与工作无关的琐事。你可以说说自己与众不同的观点，但还是谈和工作有关的话题比较妥当。

其次，以实例（物）证明你所说的言论，回答问题要中心突出，举例说明，并强调自己过去的成就。

最后，言简意赅地进行总结，通常时间不超过两三分钟。回答完之后，随即询问考官，是否还需要自己介绍其他的方面。

3. 你如何评价自己的优缺点

这是面试中最常见，也最不好回答的问题之一。

面试者试图使你处境不利，观察你在类似的困境中将作出什么反应。回答这样的问题应该用简洁的正面信息抵消反面的问题。比如，在回答优点时，应当首先强调你的适应能力或已具有的技能，如"学习能力、适应能力很强""人际关系很好"等优势，但提供的证据要尽可能与工作相关。

谈论不足时，最好的答案就是那些对工作而言可以成为优点的弱点。

例如，我一专心工作就无法停止，直到令人满意为止。借此，你可以告诉考官，你不达目标绝不罢手，而且为自己的工作感到骄傲。

对于别人认为的缺点，但自己觉得有些牵强时，可以稍加解释："朋友们认为我有些浮躁，我不知道批评得是否正确，但我的确希望自己以后能更稳重一点儿，多听听别人的建议。任何长处到了极限就会成为短处。例如，我和别人合作得很好，这无疑是个优点。但我特别需要别人的帮助，不善于单独工作，我了解到这一点后，一直在努力克服。我可以高兴地告诉您，在这些方面我已经取得了一些进步。"

4. 你为什么想到本公司工作

如果只回答"喜欢贵公司"是行不通的，因为，这个理由无法打动人。

回答这个问题，要紧紧围绕"公司提供的机会最适合自己的兴趣、经历"这一点。要让考官知道：你有充分的理由效力于他的公司，而不是随便找一份工作。

此时，你最好能罗列出非常详细的资料，展现你对公司的了解程度。例如，公司涉及的专业、生产线、经营地点，公司最新取得的成果和财务状况等。有效地谈论公司的情况，可以使你迅速地从那不知道公司或工作内情的求职者中脱颖而出，尽管他们也曾想在那里找到工作。

有的人回答："贵公司每周休息两天，劳动环境好，福利设施完备。"这种回答对你不利。实际上，这个问题是问你到公司工作的动机，换句话说，你进公司想干什么，因此，这种回答根本不沾边。

5. 谈谈别人对你的评价

这与面试者的两种期望有关，一是你是否容易相处；二是许多面试者会在录用之前咨询你简历上的证明人，验证一下。这时，你应该坦诚，但必须有策略，不能什么都讲，两三点足矣。

6. 你对以后有什么打算

这个问题一是考察你能否长久地从事这份工作；二是考察你是真正有志向，还是好高骛远；三是考察你对生活、对工作的计划性。你应该实事求是，就一点出发，简短作答，不求蒙混过关。

如何才能面试成功

1. 提前到达

如果途中被预想不到的麻烦事缠住，虽然责任可能不在你，但你却因此耽误了时间，一旦出现这种情况，务必给主考人打个电话，解释清楚迟到的原因。

到达后，对接待人员或秘书要和蔼，但勿随意交谈，除非他们愿意。因为他们有自己的工作。他们如果对你有好评自然无害，但差评将贻害无穷。曾有人面试成绩不错，但因为冒犯了一位秘书，工作就泡了汤。

2. 见面握手

与主考人员面谈之前，应该不引人注意地擦去手心上的汗渍，保持手心干燥。考官出现时，你要自然地微笑，注视着他。

假如主考人员主动地伸出手来与你握手，你可以自然地与之握手。

一般，求职者要等主考人员首先伸手。例外是：主考人员是位先生，而求职者是位女士时，他要等她先伸出手来。

一般认为，女性求职者向主考人员伸出她的手，这既显示了她的开放和友好，又充分利用了女士优先的这一大优势。如果不是这种情况，若求职者主动伸手，就不那么有利了。

握手可以交流情感，但不能让主考人员觉得你笨手笨脚。握手软弱、无力，显得好像不真心，也显得缺乏能量。因此，握手要有力。然而，不能过分、拽住手不放，这会显得十分不礼貌。

3. 把握细节

主考人员请你入座之前，不要随便坐下。否则，将被视为态度傲慢。考官允许你落座前会有指示。如任你自选，就挑一个直背、结实的椅子。不要坐吱吱作响的椅子，这使你无法保持警觉，对保持优雅的姿态也无益。即使你风度翩翩，坐在这样的椅子上，也无任何风度可言。面谈中，身体稍向前倾，以示对谈话感兴趣。不要斜靠在桌子上或懒散地伸出四肢躺在椅子里，也不要坐得垂直生硬，那样会显得呆板。多与主考人员进行目光交流，以直视对方双目为主，同时在两目和鼻梁间移动。这样，既保持了目光接触又避免了直盯对方。目视对方说明你感兴趣，考官提问时，不要左顾右盼，也不要窥探主考人员的桌子、稿纸和笔记本，只要集中注意力听就可以了。

首先要聆听考官的提问，确保所答针对其所问，不要驴唇不对马嘴或说些无关的话。语调应该轻松友好、缓慢、独特，充满自信。不要与主考人员过于亲密，甚至视为知己，尽管他们对你非常友好、和善。不要与主考人员耍贫嘴或开玩笑，幽默表现得要自然。

4. 适时离开

一般情况下，面谈时间短了不行，长了更不行。所以，要先想好话题，感觉已过交谈的高潮时就准备结束。把该说的说完，起身微笑，伸出手感谢考官，然后离开，不要停留。面试中，有些话可说可不说，有些话是必须说的。必须说的就是高潮话题，应试者必须察觉高潮话题的结束，主动作出告别的姿态。一般的高潮话题有两类：自我介绍和工作介绍，应试者自我介绍后，面试官会问一些具体事情，然后再转向工作。一方面是考官介绍工作性质、工作内容；另一方面是应试者谈自己的工作情况及对今后工作的想法。这些都是高潮话题，高潮话题结束后，应找准时机结束。如果你还想了解一些问题．可以说："虽然我不想在工作细节上浪费时间，可是，我想略微了解一下工作的环境、福利以及有关的事。"巧妙地转琐碎问题为高潮问题，不至于让面试考官认为你是有意拖延时间。

每一个面试考官都对结束面试持谨慎的态度。他们通常会说："很感谢你对我们公司及这项工作的关注。""真为难你了，跑了这么多路，多谢了！""再次谢谢你对我们公司的关心，我们会尽快给你答复的。"

这些话都在暗示面试的结束，应试者应对这些暗示有灵敏的反应，体面、自然、大方地主动告辞。

即使你已经意识到自己不适合在这家公司工作，也要展现出自己最好的一面。

一个毕业生去一家公司面试，主考官说话直率，没谈几句就让他去别的公司看看。这个年轻人十分礼貌地告辞说："谢谢你给我这次应试的机会，只可惜我能力不够，非常抱歉，我想，我会记住你的忠告并不懈努力的。"（其实根本没什么忠告）他礼貌大方地走后，主考官忽然感觉这小伙子很好，不录用有点儿可惜。于是，决定追加录取他。

面试时穿着得体才能给人美感

这是面试中必不可少的一环，它会影响接下来的各个环节。大家都有同感，一个人除了办事能力外，如果穿着打扮得体，也有助于面试成功，这正是仪表的特殊功能。一个人的衣着，不仅反映自身的气质和审美能力，还影响到人际交往。

一般情况下，面试时，非常有必要注意一些在服饰、姿态、表情、举止、态度等方面的技巧。

1. 就服饰而言

服饰不要求一味地讲究华丽、追求时髦，而是要适当地打扮自己。服饰要符合自己的身材和身份，追求朴实、大方、明快的风格。可以选择同代人中稳健人物的服装，作为穿着的标准。另外，服装必须与时代、场所、收入程度及周围的环境相符合。

男生穿西装最好打领带，价格不必太贵，主要是干净整洁，再配上色彩协调的衬衣。如果没有西装，一般流行的夹克、羊毛衫也行，要清洗干净，色调不要刺眼，应以冷色为主。女生宜着浅色连衣裙、长筒丝袜，这样会显得朴素大方，穿牛仔裤会比较精神。如果穿超短裙、过分暴露的透明衬衫，形象会大打折扣。

在求职过程中，应聘者的装扮要与职业身份相协调。比如，你面试的是教师、工程师、干部等岗位，就不能有过分华丽、时髦的打扮，而应该选择庄重、素雅、大方的着装，以显示出稳重、文雅的职业特性。如果你去面试的是导游、服务、公关等岗位，就可以选择华美、时髦的着装，把活泼热情的职业特点表现出来。另外，西装扣子要扣对，帽子要戴正，皮鞋要擦亮、鞋跟不要太高，不要佩戴各种繁琐的饰品。对于刚走出学校的毕业生，求职服饰要求正式、自然、整洁、大方。有些大学生求职时，下身穿"毛边"牛仔裤，上身衬衫系错扣，也有的女同学身着过多外露前胸后背的连衣裙，这些一定要避免。如果能做到以上所述，就会使招聘者感到你是一个勤劳、会生活、有条理的人。否则，如果衣冠不整、不修边幅，就会让人觉得你生活懒散、办事拖沓，不会录用你。

2. 就姿态而言

面对面试官时，身体要挺直，气宇轩昂。站立时，身体不要摇摆，坐时不要弯腰曲背，身体稍前倾，不要抓耳挠腮，手要自然地搭在膝盖上，两条腿平行，不跷二郎腿，不由于思考问题而情绪紧张。此外，男生的头发不要太长，可以理发或洗洗头，刮净胡须；女生应穿戴得体，表情自然，不要挤眉弄眼。女生可以化淡妆，浓妆艳抹、花枝招展，容易使人反感。如果感冒了，一定要准备好纸巾等。

3. 就个人文化层次、性格爱好而言

对仪表的要求随着你从事的职业的不同而异。但不管怎样，求职的你，必须力求在面试时展示你内心的美、修养的美，为自己面试成功加分。

女性应正确应对尴尬问题

女性该如何应对这些让人尴尬的问题呢？试看以下这三个尴尬的提问：

1. 你认为家庭与事业之间存在着难以调和的矛盾吗

这是一个具有普遍性的问题，招聘单位自然非常希望你以事业为重，但也希望你拥有一个幸福美满的家庭。"后院不失火"，才使人无后顾之忧。要想发挥你的聪明才智，就要集中精力于工作。显然，直接回答事业与家庭之间存在难以调和的矛盾或根本不存在矛盾，都是不合适的。

我们来看这样的回答："我以为，无论在工作上还是在家庭中，活得有价值是女性的最大目标。虽然我很想通过工作来证实自己的能力、产生的价值，但谁能说那些相夫教子培养出大学生、博士生的家庭妇女就活得没有价值呢？"

这样的回答，能把女性刚柔相济的特征恰到好处地体现出来。

2. 你如何看待晚婚、晚育的问题

通过这一问题，可以了解你在工作与生育的关系问题上持何种态度。这是女性求职较难的普遍症结之一。为了工作晚结婚、晚生育，当然是用人单位所希望的，但如果真的这样做了，也会让人有些疑虑：一个连孩子都可以不要的人，如果再有其他利益驱动，会不会抛弃一切，包括她曾经为之自豪的工作呢？

巧妙的回答是："谁都希望鱼和熊掌能够兼得，当二者不可兼得的时候，在一段时间内，我会选择工作。因为，拥有一份好工作，培养孩子就会有更为坚实的经济基础。我想总会有适当的时候让我二者兼得。"

这样的回答，或许在你生孩子休息时，上司能把你原来的位置给你留着，不让别人取而代之。

3. 面对上司的非分之想，你会怎么办

这类话题常在招聘女秘书时被问及。先来看这样的一个回答："我非常感激你们提到这个问题，这说明贵单位的高层领导都是光明磊落的人。不瞒诸位说，我曾在一家公司干过一段时间，就是因为老板的非分之想才迫使我离开的，在当初他们招聘时，恰恰没问到这个问题。两相比较，如果我能进贵单位，就没有理由不去为事业殚精竭虑。"

她的回答十分巧妙，妙就妙在没有直接回答"该怎么办"，因为那是建立在上司"有"非分之想的基础上的。她通过一个事例表明了自己的坚决态度，而且没让问话者难堪。即使新老板确有投石问路之意，日后也不会轻举妄动了。

总之，对面试官一些令人尴尬的提问，不能慌乱，更不能随意应付。要冷静下来，揣摩对方的意图，作出最适宜的回答。

第九章

职场交流的口才艺术

学会跟上司讲话

大多数人对上司都是十分尊重的，所以，在对上司讲话时，都是很讲礼貌的。但在上司面前说出的话是否得体，是否有分寸，是否恰到好处，就不是每个人都能随便做得到的了。

那么，如何才可以得体地与上司进行语言沟通呢？主要应注意以下几点。

1. 不媚不俗，不卑不亢

与上司相处时，首先要做到有礼貌、谦卑，这不是要"低三下四"。因为绝大多数有见识的上司，对那种没有主见的人，是不会予以重视的。因此，在保持独立人格的前提下，你应有不卑不亢的态度。在必要的场合，你也不用害怕表达自己的不同观点，只要你从工作出发，摆事实、讲道理，上司通常是会予以关注的。

2. 主动和上司打招呼、交谈

作为下属，应积极主动地与上司交谈，这样能逐渐消解隔阂，使自己与上级相处得和谐、融洽。当然，这与"巴结"上司不可以相提并论，因为工作上的谈论及打招呼是不可避免的，这不但能减少对上司的恐惧感，也能使自己的人际关系更和谐，工作更顺利。

3. 尽量适应上司的语言习惯

应该多了解上司的性格、爱好、语言习惯，如有的人性格爽直、干脆，有的人沉默寡言。有的上司有一种统治欲和控制欲，会报复一切威胁其地位的人；还有的上司心理不正常，如果是这样，你只能忍受这一点。

4. 选择适当的时机与上司交谈

上司一天到晚要关注的问题很多，你应当根据自己的问题的重要与否，选取适当时机与上司对话。假若你是为个人琐事，就不应该在他正埋头处理事务时去打搅他。如果你不知上司何时有空，不如先给他写张纸条，写上问题的关键，然后请求与他谈谈，或写上你要求面谈的时间、地点，请他先知道，如此，上司便可以安排时间了。

5. 对交谈内容事先做好充分准备

在谈话时，尽量把自己要说的话简明、扼要地向上司汇报。如果有些问题是需要请示的，自己心中应有两个以上的方案，并且能向上级分析各方案的优缺点，这样便于上司做决断。所以，应当提前做好准备，弄懂每个细节，随时可以回答。如果上司同意某一方案，你应尽快将其整理成文字再提交，避免日后上司又改变主意，造成不必要的麻烦。

另外，要先替上司考虑提出问题的可行性。有些人明明了解因为客观条件限制，方案不能实施，却一定要去找上司，结果不欢而散。这是非常不可取的。

处理好与上司关系的武器是说话有分寸

在职场上，身为下属，一定要想办法与上司处理好关系，而处理好关系的主要武器是说话有分寸。一定不可信口开河，否则一语失当，悔之晚矣！

唐朝的魏征向来为唐太宗所重用，唐太宗却因为面子的事想杀掉魏征。

一次上朝，当着朝臣之面，魏征直谏一事，顶得唐太宗面红耳赤，大丢脸面。但唐太宗还算是一个开明有作为的皇帝，想到自己曾让大臣"事有得失，毋惜尽言"，所以不好当堂发作。但下朝之后，却恼怒地喊道："总有一天我要杀死这个乡巴佬！"皇后问他要杀谁，太宗说："魏征经常当庭羞辱我。"皇后闻言心中大惊，她明白太宗的脾性，说不定真能找机会把这个贤臣杀死。于是急中生智，立刻盛装恭喜皇上拥有如此忠臣，使唐太宗突然醒悟，免了魏征的死罪。

试想，若唐太宗并没有这么英明，并没有这么大的胸怀和气度；如果皇后没有想出一个好办法替魏征求情，魏征的脑袋岂不早就掉了！

这其中的经验与教训必为下属三思，引以为戒。

虽然我们主张对上司不要一味地采取"叩头"的政策，但对上司跟对一般同事是不同的。况且一般同事之间也应当把握分寸，不能太无所顾忌。对于上司，则应该更为注意。平时说话交谈之中，汇报境况的时候，都要多加小心。下面就是一些应该避免在上司面前说的话：

1. 对上司说"您辛苦了"

说"您辛苦了"这句话，本来应该是上司对于下属表达关心或犒赏时说的，如今反过来由下级对上级说，似乎不合适。

2. "我想这事很难办"

上司分配工作任务下来，下属却说"不好办""很困难"，这样会使上司很没面子，一方面显得自身在推脱责任，另一方面也显得上司没远见，让上司颜面上过不去。

3. 对上司的问题回答说"随便，都可以"

以"随便，都可以"来回答上司时，上司会认为他的下属感情冷淡，不懂礼貌，对说这句话的人，自然就看低了。

4. 对上司说"这件事你不知道"或"这事你不懂"

"这件事你不知道"或"这事你不懂"，如此一来，不仅会对上司，而且对熟悉的朋友也会不经意间造成伤害。对上司说这样的话，特别不敬。

5. 不轻易说"太晚了"

这句话的意思是认为上司动作太慢，误事了。在上司听来，认为你是在责备他。

6. 对上司说"不行是不是？没关系"

这话明显是对上司的不尊重，没有敬意。退一步来说，也是说话不讲方式方法，说出了不恰当的话。

7. 接受上司交代的任务时说"好哇""可以呀"

"好哇""可以呀"在语义上含有批准、首肯的意思，常用在上司对下属时所说。得体的说法应该是"是""知道"，表达"承受命令"的意味，这用在下属承领上司的命令时说就比较合适。

准确明白上司的指示

和上司之间的关系怎样，取决于工作表现与情况交流。工作表现平淡而又不善于沟通，想和上司建立起良好的关系是不可能的。所以，能准确明白上司的指令、命令是与上司建立起良好的人际关系，赢得上司信任的基本条件。

1. 精神饱满，爽快利落

当我们被上司喊来接受指令时，痛快而精神饱满地回答"是"是很重要的。这一点说起来容易，但做起来不简单，很少有人能真正做到这一点。

即使你自己正忙着工作，在上司叫你时，你也要快速站起来回复："是！"这样一来，上司会觉得你工作很积极，非常爽快利落，会因此信任你。

要明白，若上司对你不信任，而是觉得把工作给你很不放心，那对你的前途极为不好。因为对你没有信任感也就不会看重你、提拔你。

2. 把指示和命令听完，不要轻易打断

上司在交代工作时已经提前想好了交代的顺序，所以，假如你在上司交代的过程中突然打断他，提出自己的疑问，很容易打断上司的思绪，忘记讲到哪儿了。这时，上司不仅会感到尴尬，还会很生气。因此，在接受指示或命令时要先把上司的话听完，接着再提出疑问或提出自己的看法，这样做是很有必要的。

3. 清楚地表示自己已经明白指令内容

上司会从你的表情、动作来推断你是否清楚、明白了他的目的。于是，在上司交代工作时，你要用点头的动作来表明你已经清楚、明白了工作的内容。然而当你不点头时，上司也就知道你这个地方不太懂，需要再次说明一下。

4. 如果无法接受，要恰当地说明原因

也许你经常会遇到自己正忙着一份工作，上司给你另一

份工作的情况。这时，对上司的指示或命令就不一定能够接受了。因为你正在忙着的工作需要在规定时期内完成，所以，如果你接受了另一份工作，以前的工作就无法在规定期限内完成，反而会为自己和公司带来麻烦。

此时，必须明确地说出你不能接受的理由。而不能只是简单地说："不行啊！"而应该先说声："实在对不起……"接着陈述拒绝的缘由。

上司认为你可以把这份工作做好，才把工作交给你。你如果仅仅说"不行"的话，上司会很生气。因此，你要说："我正在从事另一项工作……"或"这项工作也很急……"然后你把自己正在做的工作的内容详细解释一下，然后等待上司的指示，因为有些事你自己是没有权利决定的。

上司在听完你的话之后会作出指示说"先做完手头工作，再做这份新工作吧"或"你目前做的工作比这个重要，先把你手上的工作做完再做这个也可以"，此时，你要听从上司的决定。

5. 别忘了委婉地阐述自己的意见

若你对上司的指示或命令有个人的看法或有更好的办法时，坦白地阐述自己的意见很重要。但你也别忘了，必须注意说话的技巧，要婉转地提出自己的意见，如"经理，您的想法我能了解，但我认为这样做可能会好一点。"

当然，能说出自己具体的建议是很最好的。因为，对上司的指令可以说出自己独特的意见，这在一定程度上是你工作能力的体现。如果是有的放矢的意见，那上司一般会很高兴，也能够接受你的建议。

善于拒绝上司的难题

在工作中，我们也总会遇到一些来自上司的要求，假如你确实力不能及而不得不拒绝时，一定不要立刻表示不可接受，而要先谢谢他对你的信任和看重，并表示很愿意为他效劳，再含蓄地说出自己爱莫能助的困难。如此，双方都可以接受，不至于把事情弄得不开心。下面有这么一个例子：

"小杨，请你今天晚上把这个讲稿抄一遍。"经理指着一叠起码有三四十页的稿纸对秘书小杨说。小杨听后，面露难色，说："这么多，怎么抄得完？""抄不完吗？那请你另觅轻松的去处吧！"可能经理正在气头上，于是，小杨被"炒了鱿鱼"。

小杨被"炒"实在使人惋惜。但是，这是能够想象的，像她这样生硬直接地拒绝上司的要求，给上司的感觉是她在反抗，不听从指示，扫了上司的威信，被"炒"也就在所难免了。实际上，她可以处理得更灵活些。比如，她可以马上搬过那一堆稿子，埋头就抄起来，等抄了一两个小时后，把抄好了的稿子交给经理，再含蓄地说出自己的困难。那么经理一定会很满足于自己说话的威力，并意识到自己要求的不合理之处，加长工作时限，这样，小杨就不至于被解雇。

秋高气爽，你正想利用这段黄金时间给陈旧的居室进行一次装修；工作之后，你正不分昼夜地撰写一篇论文。此时，你的领导却要你去远方出趟差，执行另一项工作任务，是拒绝呢，还是心不甘、情不愿地碍于情面勉强答应下来呢？

很明显，勉强答应下来的结果就是敷衍，即使任务完成了，也不一定能让上司和自己满意。这时，你最好的选择是拒绝。可是如何拒绝才能不让自己难堪，又使上司不对你失去信任呢？

1. 不可一味地加以拒绝

虽然你拒绝的理由冠冕堂皇，但是上司可能仍坚持非你不行。此时，你便不能一味地拒绝，否则，上司会以为你只是在推辞，因此怀疑你的工作干劲和能力，从而失去对你的信任。以后在工作时，也会有意无意地使你与机会失之交臂。

2. 拒绝的理由一定要充足

首先，设身处地表示自己对这项工作的重视，表示自己愿意接受的心情；接着，再表明自己的遗憾，具体说明自己为何不能接受。比如，"我有个紧急工作，一定得在这两天赶出来。"这样充分的原因、诚恳的态度一定可以得到上司的理解。

3. 提出合理的变通方法

对上司所交代的事，你不能答应，又没办法拒绝，此时，你可得认真考虑，千万不可怒气冲天，拂袖而去。你应该与上司共商对策，或者说："既然如此，那么过几天，等我手上的工作告一段落，就着手做，你看怎么样？"另外，你也可以向上司推荐一位能力相当的人，同时表明自己一定会去给他出点子，提意见。如此，你一定能进一步赢得上司的理解和信任，也会为你今后的工作铺开一条平坦的大道，因为上司也是和你一样有血有肉、有感情，也曾经做过职员的人。

正确对待上司的批评

　　任何人在单位任职的时间长了，都难免会受到上司的批评，但我们大可不必忧心忡忡，使劲地反省自己。领导批评下属，有时候是因为发现了问题以便帮助其改过；有时候是出于调整的需要，须告知受批评者不要太自以为是，或者不要把事情看得过于简单；有时候是为了"杀一儆百"，等等。只要明白了上司为什么批评你，你便会了解情况，从容应付。

　　下面介绍一下在受到上司批评时，应该注意的几点。

1. 要有诚恳的态度

　　事实上，在受到上司批评时，最应该表现出诚恳的态度，从批评中接受、学习。因为最让上司恼怒的，就是他的话被当作"耳旁风"。假如你对批评置若罔闻，依然我行我素，这种效果或许比当面顶撞更糟。因为这会被看作你的眼里没有上司。

2. 员工对批评不要不服气和满腹抱怨

　　在这种时候，要仔细反省自己的问题，并及时纠正。批评有批评的理由，错误的批评也有可接纳的出发点。更何况，有些聪明的下属善于"利用"批评。也就是说，受批评才可以理解上级，接受批评才能表明自己对上司的尊重。因此，批评的对与错本身有什么关系呢？就说错误的批评吧，假如你处理得好，反而能成为有利因素。但是如果你不服气，发牢骚，那么，你这种做法造成的负效应，足以使你和领导的关系恶化，关系疏远。当领导以为你是"批评不起""批评不得"时，也就产生了相应的负面印象——认为你"用不起""提拔不得"。

3. 最忌讳当面顶撞

不管领导批评得有无道理，都要谦虚接受。因为当面顶撞是最不明智的选择。尤其是公开场合，不仅让你下不了台，而且也使领导下不了台。事实上，假如在领导一怒之下要起威风时，你给了他面子，这也就埋下了伏笔，产生了转机。如果你能坦然大度地接受其批评，他会在潜意识中产生歉疚之情。

4. 切忌反复纠缠和争辩

受到领导批评时，反复纠缠、争辩，想要弄个一清二楚，这是非常没有必要的。如果真的有冤情和误会的话，你可以找一两次机会解释一下，但也要点到即止。即使领导没有为你"平反"，也不要纠缠不休，因为斤斤计较的下级是很让领导厌恶的。如果你的目的只是不接受批评，当然能够"寸理不让""寸土必争"。但是，一个把领导弄得精疲力竭的人，又何谈晋升和加薪呢？

受到批评，甚至受到训斥并不是受到某种正式的处分、惩罚，它们之间是不一样的。在受到正式的处分时，你的某种权利在某种程度上会受到限制或被剥夺。如果你是冤枉的，当然应该努力地申辩和申诉，直到问题搞明白为止，从而维护自己的正当权利。然而，受批评则不同，即使是受到错误的批评，让你的情感和自尊心受到伤害，但也会收到更有利的效果。相反，一味地为了弄清楚是非曲直，反倒会让人们感到你心胸狭窄，经不起任何误会，人们只能对你戒备几分了。

恰当处理上司的责骂

不管是什么人，也不管你是什么人的下属，都有受到老板责骂的时候，此时，大家心里都会不舒服。但是，假如老板当面责骂你，你就怒气冲天、脸红脖子粗、冲动行事，事后你肯定会后悔。因此，当你想要发脾气时，最好在心中默想："等一等"，而这句"等一等"，就是让你忍耐的意思。

无论是什么人，自己的心情不能被别人的训斥所扰乱，而要保持弹性，保持冷静，挨骂时只要低头认错就好。下属被上司斥责是必然会发生的事。但是，上司被下属反驳却是一件难堪的事。既然上司已经指责了，还是干干脆脆地认错吧！这才是下属应有的态度。

小王大学毕业不到一年，现在是某公司的一名职员。

某天，领导拿着一份文件，让他传真到另一家公司的宣传部，小王照着做了。可谁知，第二天，领导怒气冲冲地走进了办公室，当着众多同事的面，大声地斥责小王："你是怎么做事的？让你发传真到他们公司的宣传部，你却给发到另一家公司去了！"

小王一下子就懵了，他回忆了一下，确认领导昨天交代的的确是自己发的那家公司，他想一定是领导记错了。可是，看着领导愤怒的脸，小王没有辩解什么，而是主动承担了责任："对不起，实在对不起！都怪我办事太急躁，本想抓紧时间办

第九章 职场交流的口才艺术

好，没想到犯了个大错。我一定会吸取教训的，保证不会有第二次了！"

说完，他立马重新发了一份传真。几天后，小王被叫到了领导的办公室，领导诚恳地向他道了歉，说自己那天因为着急，错怪了小王，并夸奖小王年纪轻轻，就能忍辱负重。从此，小王在领导心目中的地位大大提升了。

领导也是人，也有犯错误的时候，特别是在工作中，很有可能会因为忙乱和着急，发生误会。这时，你一定要记住：千万不要当着众人的面反驳上司。因为，上司需要保持一定的威信和颜面，即便他错怪了你，你也不能当众让他下不了台。你暂且把责任承担下来，等上司明白过来，发现误会了你时，自然会为你起初的忍辱负重而感谢你。

善用拒绝方式

当你的上司请你为他办事时，你需要怎么做？能够而且愿意做的，当然不用费什么心思。可是，若遇到自己心有余而力不足或是内心不情愿的时候，你如何拒绝？其实，无论是公事还是私事，拒绝都意味着"也许会得罪上司"，就算是巧妙地拒绝了，这也需要你拿出相当大的勇气和高超的智慧。怎样说出拒绝的话，但又不让上司觉得你是在故意拆台或故意不给他面子，从而给自己的前途埋下隐患，这就是拒绝的技巧所在。

假如只是为了一时的情面，即便是无法做到的事也接下来。万一失败了，上司可能不会考虑到你的热情，只会以这次失败的结果对你进行评估，这样就不如当初予以拒绝。

另外，自己要量体裁衣。纵然是平时对自己不错的上司所委任的事，但自觉实在做不到，你也应很明确地表态，说："抱歉，我做不到。"这才是有勇气的做法。否则，你会误事。

倘若你认为，只要是上司交代的事儿，不好拒绝，或者害怕拒绝后上司会不高兴，因而接受。这样，以后你的处境就会很艰难。往往因为害怕得罪上司而勉强答应做事的人，答应后肯定会感到后悔，但是已太迟了。

虽然部下在职位上低于上司，然而在人格上却应该是独立的，并不隶属于上司，也不应不辨明是非，一切都听从于他人。部下并非奴隶，假若你的上司要你做不恰当的事，你更应该回绝。

不要和同事"交火"

工作中同事之间容易发生争执，有时搞得不欢而散甚至使双方结下芥蒂。发生了冲突或争吵之后，无论怎样妥善处理，总会在心理、感情上蒙上一层阴影，为日后的相处带来障碍，最好的办法还是尽量避免。

中国人常用这么一句话来排解争吵者之间的过激情绪：有话好好说。这是很有道理的。据心理学家分析，争吵者往往犯三个错误：第一，没有明确清楚地说明自己的想法，含糊、不坦白；第二，措辞激烈、武断，没有商量余地；第三，不愿以尊重的态度聆听对方的意见。另一项调查表明，在承认自己容易与人争吵的人中，绝大多数人不承认自己个性太强，也就是不善于克制自己。

某公司的一个部门里有两位职员，工作能力难分伯仲，互为竞争对手，谁会先升任科长是部门内十分关心的话题。但这两个人竞争意识过于强烈，凡事都要对着干。快到人事变动时，他们的矛盾已经激化到了不可收拾的地步，好几次互相指责，揭发对方的短。科长及同事们劝都劝不开，最后结果，两个人都没有被提升，科长的职位被部门其他的同事获得了，因为他们在争执中互相揭短，在众人面前暴露了各自的缺点，让领导认为两个人都不够资格提升。

退一步说，即使和同事没有竞争关系，没有提升不提升的前途问题，而只是彼此看不惯，也不必非说一些撕破脸皮的话。相互之间有了不同的看法，最好以商量的口气提出自己的意见和建议，语言得体是十分重要的。应该尽量避免用"你从来也不怎么样……""你总是弄不好……""你根本不懂"这类绝对否定别人的消极措辞。每个人都有自尊心，伤害了他人的自尊心，必然会引起对方的反感。即使是对错误的意见或事情提出看法，也切忌嘲笑。幽默的语言能使人在笑声中思考，而嘲笑使人感到含有恶意，这是很伤人的。真诚、坦白地说明自己的想法和要求，让人觉得你是希望与他人合作而不是在挑别人的毛病。同时，要学会聆听，耐心地听对方的意见，从中发现合理的部分并及时给予赞扬。这不仅能使对方产生积极的心态，也给自己带来思考的机会。

如果遇到一位不合作的人，首先要冷静，不要让自己也成为一个不能合作的人。宽容忍让可能会令你一时觉得委屈，但这不仅表现你的修养，也能使对方在你的冷静态度下平静下来。当时不能取得一致的意见，不妨把事情搁一搁，认真考虑之后，或许大家能找到解决问题的好办法。善于理解、体谅别人在特殊情况下的心理、情绪是一种修养。有的人生性敏感，遇到不顺心的事就发泄怒气，这可能是造成态度、情绪反常或过激的原因。对此予以充分谅解，会得到相应的回报。

心胸开阔是非常重要的。任何人都会出现失误和过错，别人无意间造成的过错应充分谅解，不必计较无关大局的小事情。有句话叫："得饶人处且饶人。"何况同事之间还是合作关系，抓住别人的小辫子不放，或者跟同事争吵都是不明智的选择。聪明的、讨人喜欢的人应该学会忍让，不做"嘴巴不饶人"的辣椒。

躲开"抱怨王"的妙招儿

若要成功地应付只会抱怨的人，关键就在于击破他们那种自认被动性、怪罪他人、充满无力感的循环，同时坚持强调以解决问题代替抱怨的重要性。以下便是应付的几个方法。

1. 专心地倾听他们

尽管做起来艰苦万分，专心倾听对方谈话却是应付抱怨者的第一个步骤；无论艰苦与否，若是所听的内容及时间适当，再加上若干技巧——而最重要的是凝神静听，那么，倾听乃是进行有效沟通的工具，对于应付抱怨者来说，专心倾听对方谈话尤为重要。

2. 有所表示及承认

应付抱怨者的第二个步骤便是就对方所说加以表示或承认过失，表示你已明白他们所说的话，也了解他们的感受，同时必须表示你是以严肃的态度来对待这些问题的。最简易的方式便是讲述你认为对方话语中的重点所在，最后则以你个人的最佳猜测为结论，表示你了解对方对于事件所必然产生的感受。

3. 做好打断对方谈话的准备

你若想对抱怨者有所表示，往往必须打断对方的谈话，否则某些抱怨者一开口似乎就没完没了，他们话语中一连串的"还有""但是"等连接词正是让你打岔的最适当机会。此外，一旦你已发现了对方抱怨的重点，应立即阻止他们继续说下去，阻止时尽量表现出礼貌但却非常坚定的态度。若能利用打岔来操纵对方的谈话框架——例如，当他们要说出某一事件的发生时间时，即加以打岔或阻止，将可立即削减抱怨内容对抱怨者的"价值"。

4. 使用较具限制性的形容词来回答

抱怨者最喜欢使用诸如"常常""永不"等字眼来形容任何事，譬如，他们宣称你"永不"回电话，或该移交的工作"经常"迟迟未交等。你在向对方有所表示时，若能把对方所抱怨的特殊时间、地点或事实牢牢钉住，用较具限制性的形容词有限度的承认，将有助于对方抱持有望解决问题的想法——

这也正是这些应付方法的最终目标。

　　当然，你必须握有正确的资讯才可这样回答，如果企图以微妙的手法来改变事实，则只会导致对方对你不信任，以及更多的抱怨。所以，如果确实记得对方何时打电话来你没有回电，便有助于你的回答，你可以如此较具限制性地表示："你在星期二和星期五打电话来过，而当时确实响了八九声才有人去接的。"

礼　物

　　在战国时期，齐国有个出身卑微的人，叫淳于髡，他虽然身材矮小但口才很好，善于讲幽默笑话，使听者在笑声中受到启发。于是齐威王派他作为齐国的使臣，出使各国。

　　一次，楚国发兵进攻齐国，齐威王派遣淳于髡带着黄金百斤、驷车十乘为礼物，前往赵国求救兵。淳于髡接到命令之后，放声大笑，直笑得前仰后合，浑身颤动，连帽子缨带都断了。

　　齐威王问他道："先生是不是嫌我送给赵王的礼物太轻了？"

　　淳于髡回答说："我怎么敢呢？"

　　齐威王又问："那么，你为何这样大笑呢？"

　　淳于髡答道："不久前，我从东面来，看见路上有一个人正在向土地神祈祷。他拿着一块肉，捧着一杯酒，嘴里念念有词，'高地上粮食满筐，低地上收获满车，五谷丰登，全家富足'。我看见他奉献给土地神的少，而向土地神索取的多，所以觉得好笑。"

　　齐威王听到此处明白了，淳于髡是在用隐语来谏劝自己增加礼物，于是决定把礼品增为黄金一千镒（每镒二十两）、白璧十对、驷车一百乘。淳于髡于是带着礼物前往赵国，说动了赵王，答应发兵救齐。

在职场中，我们常常会碰到各种各样的矛盾，有的甚至是十分棘手的难题，这就需要我们妥善解决它。我们可以以幽默的语言打开局面，给上司以智慧的启迪和美的享受。所以，职场上离不开幽默的语言。

第十章
谈判技能口才

掌握谈判的主动权

谈判中，要学会发问，以详细了解对方的需要和疑虑。谈判，就是要了解对方真实的需要，通过不断地协商，寻求解决办法。无论是对方个人的需要，还是他们所代表的团体的需要，这些都将对成功起到重要作用。因此，你必须利用各种渠道，获得多种信息，才能真正了解对方在想些什么、谋求些什么。

提问是谈判中必不可少的组成部分。边听边问既可以引起对方的注意，为他的思考提供既定的方向，也可以得到自己之前不了解的信息，还可以传达自己的感受，引起对方的思考，甚至可以控制谈判的方向，促使谈判产生结果。

谈判中的提问形式有以下四种。

1. 限制型提问

提问者在发问时，有意识地把对方的答话控制在有利于自己的范围内，使对方很难对提问表示拒绝或不接受，这就是限制型提问。

进行限制型提问时，提问者要注意不要把问题的范围限制得过小、过死，要让对方能够接受。如果过死，对方不仅不接受，甚至会起到反作用。

2. 婉转型提问

提问者在考虑场合的情况下，以比较委婉的语气发问。由于对对方的情况还不了解，所以先虚设一问，投一粒"问路的石子"，既能预防因对方拒绝而产生尴尬，又能探出对方的虚实，达到提问的目的。

例如，谈判者非常想把自己的产品推销出去，然而，他既不了解对方，也不好直接问对方要不要。于是，他试探地问："你觉得这种产品怎么样？你能评价一下吗？"如果对方有意，他会接受；如果对方不满意，即使对方拒绝也不难堪。

3. 攻击型提问

当谈判双方发生分歧，由于某种原因要表现得强硬些，或者要故意激起对方的某种情绪时，可以使用攻击型提问。但是，如果这种方式处理不好，容易造成双方更加激烈的争论。如"我倒是想问你一句，你是抱着什么目的才这么说的？""如果我们不想接受你们的建议，你们会怎么办？"……

攻击型提问所表示出的不友好的态度，决定了它不能在谈判中任意使用。只有在谈判对方瞻前顾后、犹豫不决的情况下，偶尔态度强硬，否则，反而会让对方更坚决。

4. 协商型提问

当你想让对方接受你的建议时，应该尽量用商量的口吻向对方提问，如"你看这样写是否妥当？"这种提问，对方比较容易接受。而且，即使对方没有接受你的条件，谈判的气氛也仍能保持融洽，仍有可能促成双方的合作。

另外，谈判中何时提出问题也要讲究技巧。谈判中适时的提问，是掌握谈判进程，争取主动的一个机会。一般来说，提问有以下五种时机。

1. 在对方发言完毕后提问

认真倾听对方的发言，不要急于提问。因为打断别人的发言是不礼貌的，容易引起别人反感。即使你发现了对方的问题，也不应该贸然打断对方，可以先把想到的问题记下来，等对方发言完毕再提问。这样便可以全面地、完整地了解对方的观点和意图，避免曲解对方的意图。

2. 在对方发言停顿、间歇时提问

谈判中，若你发现对方发言不得要领，或纠缠于细节，或离题太远影响谈判进程，那么，你可以借他停顿、间歇时提问。例如，你可以趁对方间歇时发问："您的意思是……细节问题我们先放一放，先谈谈主要观点，好吗？""……第一个问题我们听懂了，那第二个问题呢？"

3. 在自己发言前后提问

谈判中，在自己发言之前，对对方的发言提出设问。这个时候，不必请对方回答问题，主要是自问自答。这样一来，可

以争取主动，例如，"对您刚刚提出的问题，我的理解是……对这个问题，我谈几点看法……""价格问题，您讲得很清楚，但质量怎么样呢？""我先谈一谈我们的看法，稍后再请您谈。"

自己的观点阐述完后，为了将谈判引导到自己的思路上，牵着对方的鼻子走，往往要进一步提出要求，让对方加以回答。例如，"我们的基本立场和观点就是这些，现在我们想听听您的看法。""我们对产品的质量要求就是这样，请问贵公司能否达到我们的要求呢？"

4. 在议程规定的辩论时间提问

大型谈判前，双方往往会先定好流程，设定辩论的时间。在双方各自介绍情况、阐述观点的时间里，一般不进行辩论，也不向对方提问。但在辩论期间，双方可就任何问题辩论。

在这种情况下提问，要做到"知己知彼，百战不殆"。可以先考虑对方有可能给出的答案，对这些答案考虑好己方的对策，然后再提问。

5. 在对方情绪好时提问

提问时，要照顾对方的情绪。有些人高兴起来一掷千金，反之，则一毛不拔。显然，因为情绪的不同，人们对同一件事可能会作出截然不同的反应。

因此，谈判中，要随时留心对手的心境，在你认为适当的时候，提出相应的问题。

例如，对方心情好时，常常会容易满足你的要求，还会变得粗心大意，放松警惕。此时，如果你抓住机会，提出问题，通常会有收获。

如果在谈判时贸然提出问题，对所提问题没有进行充分的思考，仅凭一时冲动脱口而出，这种提问通常会漏洞百出，甚至对方都搞不清楚你的问题。结果，问题没有提成，反而留下笑柄，使自己难堪。

还有一种情况：一些人提问后往往急不可耐地等待对方的回答。更有甚者，还催促对方尽快回答。这是不尊重对方的表现，肯定会引起对方的反感。受这种急切心情的影响，提问者也可能会犯错误，从而失去谈判中应有的审慎态度。因此，谈判者在提问后应该给对方足够的时间答复。同时，自己也利用这段时间设想一下对方可能的答复或思考下一步的行动。

谈判时，应该尽量从一个角度进行提问。谈判中，双方都有各种各样的问题。同时，不同的问题之间往往存在内在联系。因此，提问者应该考虑不同问题的内在逻辑关系。不要正在谈这个问题，忽然又提一个与此无关的问题，使对方感到无所适从。同时，这种跳跃式的提问方式会让谈判对方感到很凌乱，没办法理出头绪。这样，你提出的问题，当然让对方没法回答。可以说，提问显示了一个人的口才水平。

回答的水平决定人的谈判能力

关于谈判的回答技巧，你要注意下列事项。

1. 不要确切回答对方的提问

回答时，没有必要面面俱到，要留出自己的后路。在对方追问时，不要过早地暴露你的实力，通常可以先说明类似的情况，再转回正题，也可以适当地使用反问抛回问题。

2. 不要彻底回答所提问题

对涉及面广而深的问题，要尽量缩小问题范围，或者对回答的前提加以修饰和说明。

3. 减少问话者追问的兴致和机会

回答时，应尽量避免出现漏洞，一旦被问话者抓住，往往会刨根问底。所以，回答问题时，要特别注意不要让对方抓住某一点继续发问。为了达到同样的效果，可以想办法转移话题。

4. 让自己获得充分的思考时间

回答问题时，不可操之过急，应该先认真仔细地推敲问题。想做到这一点，就要给自己充分思考的时间。

通常，应答的巧妙与否与思考时间的长短成正比。正因为如此，有些提问者会不断地催问，迫使你在对问题没有进行充分思考的情况下仓促作答。遇到这种情况时，首先要保持清醒的头脑，你不必顾忌谈判对手的催问，相反，你可以巧妙地告诉对方你需要时间思考。

5. 不轻易作答

当你觉得问话者在有意摸清底细时，对这一类问题一定要清楚地了解对方的用意，然后再作答。否则，随意作答，会让自己处于被动状态。

6. 有些问题不值得回答

提问者希望答话者回答自己所提出的所有问题，但这并不等于答话者必须回答对方所提的每一个问题。尤其是遇到没有意义的问题时，答话者可以礼貌地加以拒绝。

7. 找借口拖延答复

当答话者无法或不愿作答时，可借口资料不全或需要请示来拖延。当然，拖延时间只是缓兵之计，并不能逃避对方的提问。因此，答话者仍要进一步思考如何回答问题。

8. 将错就错

有时，提问者可能会误解答复。不过，当这种理解有利于你时，你不必去更正对方的理解，而应该将错就错、借机诱导。谈判中，经常会出现误解对方意思的情况。一般情况下，这不利于谈判双方的信息交流与沟通协商，因而有必要予以更正、解释。但是，在特定情况下，即可以为谈判中的己方带来好处时，可以采取将错就错的策略。

总之，谈判中的重点不在于回答对方的"对"或"错"，而在于应该说什么、如何说和不应该说什么、如何应对紧急状况。

注重谈判前的寒暄话题

这种谈判看起来似乎没有价值和意义。虽然其本身并不正面表达某种特定的意思，有些人把它叫作非实质性谈判，但是它所产生的效果却会贯穿整个谈判的全过程。它对谈判双方的思想、情绪和行动都有着相当大的影响。

谈判顺利进行的首要条件是营造友好、和谐的谈判气氛，寒暄是营造这种气氛的契机。谈判者主动与对方寒暄，就相当于向对方表示：我坦率地打开心扉，愿意与你建立良好的人际关系。这样做，自然很容易获得对方的好感，消除谈判双方的紧张情绪和敌对戒备心理，双方都会以轻松愉快的心情进入正式谈判。

寒暄不仅可以营造友好和谐的谈判气氛，还可以在谈判之始摸清对方的个性特征，得到有效信息。有这样一个案例：

日本松下电器公司创始人松下幸之助先生"出道"的时候，就曾被对手以寒暄的形式探测到了自己的底细，使松下电器公司蒙受了巨大的损失。

当他第一次去东京找批发商谈判时，刚一见面，对方就假装友善地说道："我们是第一次打交道吧？以前我好像没见过您。"批发商想用寒暄作为托词，探测对手究竟是生意场上的老手还是新手。松下先生缺乏经验，恭敬地回答："我是第一次来东京，什么都不懂，请多多关照。"正是这番极为平常的寒暄，使批发商获得了重要信息：看来对方是刚入行的。批发商接着问："你打算以什么价格出卖你的产品？"松下又如实地告知对方："我的产品每件成本是20元，我准备卖25元。"

批发商意识到松下幸之助在东京的处境和急切销售产品的愿望，因此，他趁机杀价："你首次来东京做生意，还不了解这里的行情吧？每件20元如何？"松下先生因为没有经验而吃了亏。

究其原因，是那位老练的批发商利用简短的寒暄，在谈判中赢得了主动。而松下先生由于缺乏经验，不能很好地掌控寒暄进程，从而导致了被动与失利。因此，在双方寒暄时，一定要对关键、核心信息保密。

当然，一个有经验的谈判者能通过相互寒暄时的那些应酬话了解对手的背景：他的性格爱好、处事方式、谈判经验、工作作风等，进而找到双方的共同语言，为相互间的心理沟通做好准备，这些都是以更好地谈判为目的的，自然无可厚非。

正是因为认识到寒暄所起的作用，人们更应该着意选择寒暄的话题。

被美国人誉为"销售权威"的霍伊拉先生，就很善于这样做。有一次，他接到去梅依百货联系广告的任务。他事先了解到，这个公司的总经理会驾驶飞机。于是，他在和这位总经理见面互做介绍后，便随意说了一句："您在哪儿学会驾驶飞机的？"一句话触发了总经理的兴致，谈判气氛显得轻松愉快。结果不但广告有了着落，霍伊拉还被邀请去乘坐总经理的私人飞机，而且两人也因此成了好朋友。

学会察言观色

察言观色是谈判中最重要的技巧。

从谈判团周围的人身上取得资料,这对"了解敌情"很有必要。

当这个人与谈判对手非常熟悉时,他所提供的资料尤其具有参考价值,但这也可能是一个陷阱。所以,你必须考虑到下面两种情况。

1. 是否有偏见

资料的提供者本身是否与谈判对手有分歧或偏见?而他本身是不是个喜欢夸大其词的人?如果是,就不能简单地相信所获取的资料了。

2. 是不是真实的情报

资料的提供者及谈判对手是否设下陷阱故意暴露一些假情报给你,引诱你误入歧途?这也并非不可能。

在谈判前,一定要仔细研究所有己方关于对手的资料。访谈记录和演讲稿所传达的信息是比较直接的,是非常重要的资料。例如,当你代表员工,将要与公司方面就有关重新制定工资问题进行谈判时,发现该公司董事长在以前的会议中曾提到："我从未受过正规教育，能有今天的成就，完全是我多年来不屈不挠，艰苦奋斗的结果。现在，公司的经营已经步入正轨，在同行中也属于佼佼者，我感到由衷的高兴。"

这段话中，哪些信息最有价值呢？公司的运营状况以及在同行中的地位，可以从企管杂志或有关报道中得知。但是，对高层的个人资料及经营观念，却很难得知。有时，这对谈判的结果具有极大的影响。不过，你现在已经掌握了十分关键的信息——"我从未受过正规教育"。在劳资双方的谈判中，最容易引起争议的是支付体系以及工资的附加给付问题。而对这些专业性的问题，可以假设，因为董事长学历并不高，所以，他对此了解不多。在这样的情况下，出面与你交涉的，可能是董事长特别聘来的专家。那么，你的谈判对手就是这些专家，而非董事长本人了。只要专家肯接受你的提议，一切就比较容易了。当然，董事长未受过正规教育不代表他不懂专业性问题，所以，从谈判一开始，你就必须仔细地观察，看具体情况是否如自己所预测的一样。另外，董事长是个不断奋斗、不向困难低头、历尽千辛万苦才获得成功的人，这种人性格上可能比较固执。白手起家的人总有一种观念：不能让步，万一让步，自己辛苦建立的基业就会毁于一旦。所以，你必须准备足够的资料，消除董事长的顾虑，用充足的证据证明，员工的要求不但不会妨碍公司的发展，而且能在公司的建设发展方面提供巨大帮助。

由此可见，倾听是谈判者必不可少的一项基本功。不仅仅是多听，更要用心去感受，除了听出对手谈话的直接内容，更要听出对方的"弦外之音"。如果连听都没有听明白，更不要说理解和回答对方的问题了。

气氛如何，你来决定

大幕拉开后，谈判双方正式亮相，开始彼此间的接触、交流、摸底甚至冲突。当然这也仅仅是开始，它离达成正式协议还有相当漫长的过程。但是在谈判开始阶段，你首先要做好一项非常重要的工作，那就是营造洽谈的气氛。

谈判气氛是谈判对手之间的相互态度，美国谈判学家卡洛斯认为，大凡谈判都有其独特的气氛。善于营造谈判气氛的谈判者，其谈判谋略的运用便有了很好的基础。我们有理由认为，合适的谈判气氛亦是谈判谋略的一个重要组成部分。良好的谈判气氛有助于谈判者发挥自己的能力。

你也应当清楚，那种积极友好的气氛对谈判将有多大的帮助，它能使谈判者轻松上阵，达成最终的目的。

不同的谈判气氛，对于谈判有着不同的影响，一种谈判气氛可以在不知不觉中把谈判朝某个方向推进。热烈的、积极的、合作的气氛，会把谈判朝达成一致的协议的合作方向推动；而冷淡的、对立的、紧张的气氛则会把谈判推向更为严峻的境地，很难真正地解决问题。

在一次重要的谈判中，双方以前未有过任何接触，气氛略显沉闷。这时甲方的代表开口了："王经理，听说你是属虎的，贵厂在你的领导下真是虎虎有生气呀！"

"谢谢，借你吉言。唉，可惜我一回家，就虎威难再了！"

"噢，为什么呀？"

"我和我的夫人属相相克啊，我被降住了！"

"那么你妻子……"

"她属武松！"

双方你来我往，不经意的几句幽默话语，就让原来的沉闷一扫而光，彼此间很容易就建立起一种亲近的关系。

谈判室是正式的工作场所，容易形成一种严肃而又紧张的气氛。当双方就某一问题发生争执，各持己见、互不相让，甚至话不投机、横眉冷对时，这种环境更容易使人产生一种压抑、沉闷的感觉。在这种情况下，可以采用上文提到的"撒手铜"——幽默；也可以建议暂时停止会谈或双方人员去游览、观光、出席宴会、观看文艺节目；还可以到游艺室、俱乐部等处娱乐、休息。这样，在轻松愉快的环境中，大家的心情自然也就放松了。更主要的是，通过游玩、休息、私下接触，双方可以进一步增进了解，清除彼此间的隔阂，增进彼此间的友谊，也可以不拘形式地就僵持的问题继续交换意见，将严肃的讨论置于轻松活泼、融洽愉快的气氛之中。这时，彼此间心情愉快，人也变得慷慨大方。谈判桌上争论了几个小时无法解决的问题，在这时也许会迎刃而解。

软硬兼施，破除坚冰

在谈判中，一味地用和气、温柔的语调讲话，一味的谦虚、客气、退让，有时并不能让对方信赖、尊敬及让步，反而会使一些人误认为你必须依附于他，或认为你是个软弱的谈判对手，可以在你身上获得更多的利益。

相反，如果你一开始就以较强硬的态度出现，从面部表情到言谈举止，都表现高傲、不可战胜、一步也不退让，那么留给对方的将是极不好的印象。这样，会使对方对你的谈判诚意持有异议，从而失去对你的信赖和尊敬。

正确的做法应当是"软硬兼施"。须知，强硬与温柔相结合，能使人的心态发生很大的变化。强硬会使对方看到你的决心和力量，温柔则可使对方看到你的诚意，从而可以增强信任和友谊。在商务谈判中，软硬兼施的策略被谈判者普遍采用。凭软的方法，以柔克刚；又用硬的手段，以强取胜。

有这样一个生动的例子：

1923年，前苏联国内食品短缺，前苏联驻挪威全权贸易代表柯伦泰奉命与挪威商人洽谈购买鲱鱼。

当时，挪威商人非常了解前苏联的情况，想借此机会大捞一把，他们提出了一个高得惊人的价格。柯伦泰竭力讨价还价，但双方的差距还是很大，谈判一时陷入了僵局。柯伦泰心急如焚，怎样才能打破僵局，以较低的价格成交呢？低三下四是没有用的，而态度强硬更会使谈判破裂。她冥思苦想，终于想出了一个办法。

当她再一次与挪威商人谈判时，柯伦泰十分痛快地说："目前我们国家非常需要这些食品，好吧，就按你们提出的价格成交。如果我们政府不批准这个价格的话，我就用自己的薪金来补偿。"挪威商人一时竟呆住了。

柯伦泰又说："不过，我的薪金有限，这笔差额要分期支付，可能要一辈子。如果你们同意的话，就签约吧！"

挪威商人被感动了，经过一番商议后，他们同意降低鲱鱼的价格，按柯伦泰的出价签订了协议。

在商务谈判中，当谈判一方处于被动或劣势的时候，可以先软后硬，硬后再软，或一波三折，软硬兼施，来促使谈判成功。

谈判中有一种"红白脸"策略经常被使用，这种策略可以说是软硬兼施的最佳表现。所谓红白脸策略，是指在商务谈判过程中，两个人分别扮演"红脸"和"白脸"的角色，或者由一个人同时扮演这两种角色，软硬兼施，使谈判的效果更好。

这种策略的基本做法是，在谈判过程中，由小组的一个成员扮演强硬派，即"白脸"的角色，在谈判开始时果断地提出较高的要求，以后又必须坚定不移地捍卫这个目标，在谈判中态度坚决、寸步不让，几乎没有任何商量的余地。此时，由小组的另一个成员扮演温和派，即"红脸"，寻求解决问题的办法，然后在以不损害"白脸"的"面子"的前提下建议作出让步。

采取这种策略要求本方的谈判者必须配合默契，在重大问题的处理上事先要有共识和约定，能进退自如。什么时候应当坚持强硬立场，什么时候持合作态度，什么问题必须达到本方要求，什么问题可以满足对方，在时机与火候上都应把握好。初涉谈判或经验并不丰富的谈判者，要谨慎地运用这种策略，否则可能会适得其反。

最后通牒，原是陷阱

在谈判中，有些谈判者准备进行艰难的拉锯战，而且他们也完全抛开了谈判的截止期。此时，你的最佳防守兼进攻策略就是出其不意，发出最后通牒并提出时间限制。这一策略的主要内容是，在谈判桌上给对方一个突然袭击，改变态度，使对手在毫无准备且无法预料的形势下不知所措。对方本来认为时间宽裕，但突然听到一个要终止谈判的最后期限，而这个谈判成功与否又与自己关系重大，不可能不感到手足无措。由于他们很可能在资料、条件、精力、思想、时间上都没有充分准备，在经济利益和时间限制的双重驱动下，不得不屈服，在协议上签字。

美国汽车王亚科卡在接管濒临倒闭的克莱斯勒公司后，觉得第一步必须先压低工人工资。他首先将高级职员的工资降低了10%，自己也从年薪36万美元减为10万美元。随后他对工会领导人说："17元一小时的活有的是，20元一小时的活一件也没有。"

这种强制威吓且毫无策略的话语当然不会奏效，工会当即拒绝了他的要求。双方僵持了一年，始终没有进展。后来亚科卡心生一计，一日他突然对工会代表们说："你们这种间断性罢工，使公司无法正常运转。我已跟劳工输出中心通过电话，如果明天上午8点你们还未开工的话，将会有一批人顶替你们的工作。"

工会谈判代表一下傻眼了，他们本想通过再次谈判，从而在工薪问题上取得新的进展，因此他们也只在这方面做了资料和思想上的准备。没曾料到，亚科卡竟会来这么一招儿！被解聘，意味着他们将失业，这可不是闹着玩的。工会经过短暂的讨论之后，基本上完全接受了亚科卡的要求。

亚科卡经过一年旷日持久的拖延战都未打赢工会，而出其不意的一招儿竟然奏效了，解决得干净利落。

所谓"最后通牒"，常常是在谈判双方争执不下、陷入僵持阶段，对方不愿作出让步以接受交易条件时所采用的一种策略。事实证明，如果一方根据谈判内容限定了时间，发出了最后通牒，另一方就必须考虑是否准备放弃机会，牺牲前面已投入的巨大谈判成本。

美国底特律汽车制造公司与德国谈判汽车生意时，就是运用了最后通牒策略而达到了谈判目标。

当时，由于双方意见不一致，谈判近一个多月没有结果，同时，别国的订货单又源源不断。这时，美国底特律汽车制造公司总经理下了最后通牒，他说："如果你还迟迟不下定决心的话，5天之后就没有这批货了。"眼看所需之物抢购殆尽，德方不由得焦急起来，立刻就接受了谈判条件，于是，一场持久的谈判才告结束。美国这家公司使用的就是最后通牒法，迫使对方最后做了让步。

可见，在某些关键时刻，最后通牒法还是大有裨益的。但是，该方法并非屡试不爽，一旦被对方识破机关，最后通牒的威力可能会反作用到自己身上来。这里有一个例子：

美国通用电器公司与工会的谈判中采用"提出时间限制"的谈判术长达20年。这家大公司在谈判开始的时候，使用这一方法屡屡奏效。但到1969年，电气工人的挫败感终于爆发。他们料到谈判的最后结果肯定又是故伎重演，提出时间限制相要挟，在做了应变准备之后，他们放弃了妥协，促成了一场超越经济利益的罢工。

发通牒一定要注意一些语言上的技巧，要把话说到点子上。

1. 出其不意，提出最后期限，不容通融

运用此道，在谈判中首先要语气舒缓，不露声色，在提出最后通牒时要语气坚定，不可使用模棱两可的话语，使对方存有希望，以致不愿签约。因为谈判者一旦对未来存有希望，想象将来可能会给自己带来更大的利益时，就不肯最后签约。故而，坚定有力、不容通融的语气会替他们下定最后的决心。

2. 提出时间限制时，时间一定要明确具体

在关键时刻，不可说"明天上午"或"后天下午"之类的话，而应是"明天上午8点钟"或"后天晚上9点钟"等更具体

的时间。这样的话会使对方有一种时间逼近的感觉，使之没有心存侥幸的余地。

3. 发出最后通牒言辞要委婉

必须尽可能委婉地发出最后通牒。最后通牒本身就具有很强的攻击性，如果谈判者再言辞激烈，极度伤害了对方的感情，对方很可能由于一时冲动铤而走险，退出谈判，这对双方均不利。

对方意见，我来说出

把方案带到客商那里去的时候，应当事先就料到对方会提出哪几种反对意见。如果坐到谈判席上，在意想不到的情况下突遭对方的反驳后再支支吾吾地招架，则有失体面。

事先估计到对方会反驳，但只准备一些应答的对策还不够，仍容易被对方打败。在争论中占据上风并不是谈判的根本目的，充其量不过是谈判形势的走向问题。

那么，应当如何对待意料之中的反对意见呢？

当估计对方会予以反驳时，有这样一种对付的办法：在他们还没有说出之前，你让同伴将预料中的反面意见说出来，然后将其否定。

首先与同伴进行磋商，列举几条反对意见，事先布置好："估计对方会以此为理由攻击我们，你先主动地把这个问题提出来!"在谈判中,当同伴讲出了这个意见以后,你马上指出:"不对,这种观点是错误的。"如此这般,将这些反对意见一个个化为乌有。同时,你方的几个人之间还可以故意发生争执。这样做不会在对方面前露出什么破绽,反而会在保全对方面子的情况下使其接受你方的方案。

反对意见多种多样,有的可以从理论方面回答,有的无法用语言去解释,只能凭自己的感觉去理解。对方提出的意见可以用道理来说明的部分很好处理,至于那些难以解释的问题,最好还是用内部争吵的方法来解决。比如数落自己的同伴:"你总是提出这类问题,什么时候才能有点出息呢?"用这种语言更容易处理好这种反对意见。

坐在谈判席上,总是有意识地将与会者分为说服的一方和被说服的一方,这种想法是错误的。对方有3个人,你方也有3个人,我们应当把这看作是与会的6个人正在共同探讨着同一个问题,而不是3比3的对话。

所以,你方的与会人员有时最好也处在相互敌对的关系上。因为如果总是保持一致对外的姿态,对方就会产生一种随时有可能遭到你方攻击的顾虑。把既成的事实强加于人,这是被说服一方最厌恶的一种做法。

当你方内部互相争论的时候,很容易形成一种在场的所有人都在争论的气氛,结论也仿佛是在对方的参与下得出来的。于是在大家的思想中能够形成一种全体参与、共同协商的意识。但是,若只有你一个人在场的时候又该怎么办呢?

无论事先做过多么周密的准备,一旦到了谈判桌上,仍然会察觉到要有某种反对意见出现。这时,你可以把它处理为临来之前曾经听到公司里有人提出过这种意见。这样,当你发觉这种反对意见即将提出的时候，就抢先说道："在公司里谈论这个方案的时候，有个家伙竟然这样说……"这么一来，不管持这种意见的人有没有，都会产生敲山震虎的效果。说完以后，你还要征求对方有什么感想。听你这么一说，只要不是相当自信的人就很难说出"我也是这么想的"这句话。即使摩拳擦掌准备提出这种反面意见的人，也不愿落得与"这个家伙"相同的下场，所以只得应付说："是嘛，这么说可就太奇怪了。"

用这个办法，将对方的反面意见压制住，哪怕只有一次，在以后的谈判过程中对方就不会轻易反驳了。你方大致预料到反面意见的内容时，抢先说："谈到这里，肯定会有个别糊涂虫提出这么一种反对意见……"于是对方唯恐提出不恰当的反对意见，以后被人耻笑为"个别糊涂虫"。

还有一个办法：抢先说出对方从他们自己的立场出发所产生的不安和所要承担的风险。比如说："我如果是经理的话，这种事情太可怕了，恐怕不敢瞎说。"也可以说："也有出现这种情况的可能，所以我如果站在经理的立场上，也许会想办法回避。"把自己所预料出现风险的可能性间接地表达出来。在达成协议还是谈判破裂的岔口上，语气再稍微强硬一些也未尝不可："如果站在经理的立场上，我会认为，造成谈判破裂要比被迫接受对方的条件可怕得多。"

无论怎么说，反正不能让对方把反对意见先说出口，这与你方的意见让对方说出令对方感到满足是一样的道理。对方的反对意见从你方嘴里说出来，这样做给人留下了对方反驳的观点你方已经研究透了的印象，就可以不费吹灰之力地将其扼制住。

投人所好，得自己所求

美国纽约的迪巴诺面包公司生产的面包质量好，信誉也好，价格适中，深受各地顾客的欢迎，可以说是远近闻名。

可奇怪的是，该面包公司附近的一家大饭店始终没有向这家公司买过一次面包。面包公司的经理迪巴诺为了让自己的产品打入这家大饭店，使用了各种促销手段，诸如每天给饭店经理打电话介绍自己生产的面包的特色及种类，每周都前往饭店拜访经理，参加饭店组织的各种活动，甚至在这家饭店包了个房间，住在那里谈生意。

这样一直坚持了4年多都无济于事，真是费尽周折，然而一次次的推销面包的谈判都以失败告终。迪巴诺发誓一定要把自己的面包打入这家大饭店。他意识到问题的关键是要找到实现谈判目标的技巧。

于是，他一改以前的做法，开始对饭店经理本人关注起来。通过多方面的调查了解，他知道了饭店经理的个人爱好和热衷的事物：饭店经理是美国某一饭店协会的会长，非常热衷于自己的事业，不管协会在什么地点、什么时间开会，一定前往。迪巴诺了解了这一情况后，又下功夫对该协会做了较彻底的研究。当他再去拜访饭店经理时，只字不提推销面包的事，而是以饭店协会为话题大谈特谈。

这一招很灵验，果然引起了饭店经理的极大兴趣，双方的心理距离一下子拉近了。饭店经理神采飞扬、兴趣浓厚，和迪巴诺谈了35分钟有关协会的事，还热忱地请迪巴诺也加入了该协会。几天以后，迪巴诺面包公司就接到了这家大饭店采购部门打来的电话，请他把面包的样品和价格表送过去，饭店准备订购该公司的面包。这个消息让迪巴诺惊喜万分，4年多的努力终于没有白费。饭店的采购人员也好奇地问迪巴诺："我真猜不透你使出什么绝招儿，让我的领导如此赏识你呢？"迪巴诺也暗自庆幸自己明智地找到了打动饭店经理的策略，否则，怎能赢得谈判的成功呢！

第十一章
危机口才

冷场时要用"开涮法"

许多场合中，由于个人的性格腼腆，或者彼此之间不够了解，而无法拥有共同的话题，使交往中出现了冷场的情形。

交流中最尴尬的局面莫过于双方无话可说。无话可说有时候是因为一方对另一方说的根本不感兴趣，有时候是因为我们说的意思和对方的理解有偏差，有时候是因为我们缺乏在某些特殊情景下的沟通技巧，有时也会因为你的说话触及了别人的雷区，造成别人的不愉快，导致交谈无法继续下去。无论是哪一种情况，都有可能会让你焦虑。良好的沟通需要双方在适当的时候分别扮演起发送信息者和接受信息者的角色，就像跳探戈时需要两个人完美的配合。

"一个巴掌拍不响"，交流中一旦出现冷场的局面，也需要两个人共同配合才能打破僵局。交流是两个人的事情，所以你不能指望等着对方为交流负起全部责任。因此，当出现冷场或者尴尬的时候，要沉着，寻找双方的共同话题，不能一味地等着对方来解决这种尴尬的场面。

雁翎曾有过一次痛苦的爱情经历，她对那位男朋友爱得如醉如痴，可是，对方却脚踏几只船，最终抛弃她跟别的女孩子浪漫去了。

一次，雁翎与第二位男朋友肖遥约会时，肖遥问她："你对爱情中的普遍撒网，重点逮鱼，怎么看？"没想到他话一出口，雁翎不但没搭理他，脸色突然变得好难看。肖遥知道他误入情人的"雷区"，赶紧补充道："啊，请别介意，我是说，我有一个讽刺对爱情不忠的故事献给你，故事说有一个对太太不忠的男人，经常趁太太不在家把情妇带回家过夜，但又时常担心太太会发觉。所以，有一天晚上，他突然从梦中惊醒，慌忙推着身边的太太说：'快起来走吧，我太太回来了。'等他的太太也从梦中清醒，他一下子傻了眼。"还没等肖遥话音落下，雁翎已被他的幽默故事给逗得喜笑颜开。

在这里肖遥运用故事的形式首先转移了他俩谈话的方向，然后用幽默的感染力，淡化了他因说话不慎给雁翎带来的不快情绪，自然而巧妙地把可能出现的冷场给过渡过来，赢得了心上人的开心一笑。以下几点可供参考。

1. 可及时拿自己开涮，以幽默的方式摆脱冷场

必要时可以先幽默自己一下，即自嘲，开自己的玩笑。也可以发挥想象力，把两个不同事物或想法连贯起来，以产生意想不到的效果。

2. 自信自然

化解冷场局面时，表现得要自然，不着痕迹、轻松地转移话题，使人家不觉得你是刻意的，否则会加剧冷场和尴尬。

3．平时多读书，多储存一些不同的知识

有了丰富知识，就有了谈资，再加上幽默、风趣的语言，很容易使局面融洽起来。

4．可以讲冷笑话

先缓和一下气氛，再慢慢回到刚才的主题，但是不宜讲太多的冷笑话，否则场面将有可能更"冷"。

5．保持沉默

如果是交谈时被干扰而不便继续交谈，可以耐心等待，不必打破这种正常的沉默。

6．寻找话题

当双方因为不是很了解而造成冷场时，就要学会察言观色，以话试探，寻找共同点，抓住共同话题。

如何应对冷场的局面

在日常生活和社会交往中，如聚会、议事等常会出现冷场现象，彼此都尴尬。在与人交流中，冷场无疑是一种"冰

块"。打破冷场的技巧，就是及时融化妨碍交往的"冰块"。其实，只要会话者掌握住了破"冰"之术，及时根据情境设置话题，冷场是很容易被打破的。

1. 要学会拓展话题的领域

开始第一句话要注意的是使人人都能了解，人人都能发表看法，由此再探出对方的兴趣和爱好，拓展谈话的领域。如果指着一件雕刻说："真像某某的作品！"或是听见鸟唱就说："很有门德尔松音乐的风味。"除非知道对方是内行，否则不仅不能讨好，而且会挨骂的。如果不知道对方的职业，就不可胡乱问他。因为社会上免不了有人会失业，问他的职业无异于让他自认失业，这对自尊心很强的人来说是不太好的。如果你想拓谈话的领域，希望知道他的职业，只能用试探他的方法："先生常常去游泳吗？"如果他说"不"，你就可以问他是否很忙，"每天上哪儿消遣最多呢？"接下去探出他是否有固定工作。如果他回答"是"，你便可加上一句问他平时什么时候去游泳，从而判断他有无职业。如果他说是星期天或每天下午五时以后去，那无疑是有固定工作。

确定了别人有工作，才可问他的职业，这样就可以谈他的工作范围内的事情。如果不知对方有没有职业，或确知对方为失业者，那么还是谈别的话题为佳。

2. 风趣接话转话题

在谈话中善于抓住对方的话题，机智巧答，可以使我们的谈话变得风趣，从而使谈话活跃起来。有一个典型的例子：当我们夸奖对方取得的成绩时，总能听到"一般情况"的说法。倘若我们不接着话茬儿说下去，就有点儿赞同对方的"一般情况"说法的意思，达不到接话说的目的。可以这样回答："'一班'，情况尚且如此，那'二班'情况就可想而知了。"言外之意是说："你一班的情况才如此的话，我二班的情况就更不值得一提了。"这类话茬儿，一般是采用谐音、双关的手法，接住对方的话茬儿，作风趣的转答。

巧妙地接对方的话茬儿，可以把原来的话题引向另一个话题，使谈话转变一个角度继续进行下去。

刘某是公司负责某一地区的销售业务员；公司为了加强和客户之间的联系，特举办了一年一度的"工商联谊会"。公司安排刘某在会议期间陪同他的客户顾某。他们路过一家商场，谈起了商场销售情况。末了，顾某深有感触地说："现在，市场竞争够激烈的。"刘某接过他的话茬儿说："就是。在你们单位工作的业务员也不少吧？"

就这样刘某既能把话题延伸下去，同时又使话题朝向有利于自己的方向发展。

3. 适时地提一些引导性的话题

提出引导性话题，可以给他人留下谈话时间和空间，特别是对于那些不善于当众讲话的人。这些话题可以根据对方的性格特点、兴趣爱好、职业性质等方面来设置。比如："近来工作顺利吧""听说你最近有件高兴的事，是什么呢""前一阵子我见到你的孩子，学习怎么样"。先用这些听起来使对方温暖的话寒暄一下，便于开展谈话。对于那些在公司上班的人，可以探问对其公司的日常规则的看法，像："你们公司，每周都要举行升旗仪式，之后还要做早操，召开例会，你怎么看待？"引导性话题应该注重可谈性和可公开性。对学文的不宜谈深奥的理科问题，反之亦然。不宜在公开场合触及个人隐私，或者是背后议论他人等。如果引导性话题过于敏感，或者超出了对方的兴趣爱好，或者过于深奥，超出了对方的知识结构等，对方也许不愿说，也许真的无话可说。提出这类话题，目的是让对方开口讲话，不能让对方讲，还有什么意义呢？

在提一些引导性话题的时候，也要注意方法和策略，不要让对方感到难以回答和附和而停止。此外，在打破冷场时说话还应该注意下面的内容。

如果是由于自己太清高、架子大，使人敬而远之，而造成双方的沉默，在交谈中应该主动、客气及随和一些。

如果是由于自己太自负，盛气凌人，使对方反感，造成了沉默，则要注意谦虚，多想想自己的短处，适当褒扬对方的长处。

如果是由于自己口若悬河，讲起话来漫无边际、无休无止，导致了对方的沉默，则要注意自己讲话适可而止，给对方说话的机会，不要让人觉得你是在做单方面的"传教"。

有时装作不懂的样子，往往可以听取他人更多的意见，这根源于人们的自炫心理。反之，你表现得太聪明，人家即使要讲，也有顾虑，怕比不上你。如果我们用"请教"的语气说话，可引起对方的优越感，就会引出滔滔话语。一般人的心理总是喜欢教人，而不喜欢受教于人。

冷场的出现，往往与话题有关。曲高和寡会导致冷场；淡而无味同样会引起冷场。不希望出现冷场的交谈者，应当事先做些准备，使自己有一点儿库存话题，以备不时之需。

用曲解巧妙回避话题

对于一些敏感性问题，提问者一般不直接就问题的本质提出怀疑，而是从其他貌似平常的事物着手，旁敲侧击地进行诱导性询问。这时，我们可以故意装作不懂对方的真正用意，而站在非常表面的、肤浅的层次上曲解其问话，并将这种曲解强加给对方，使对方意识到你的有意误解实际上是在表达委婉的抗议和回避，从而识趣地放弃自己的追问。

有一个调皮的孩子，大年初一那天，一大早便出门找伙伴玩去了。玩到中午时分，才发现自己头上的新帽子不知道什么时候丢了；于是胆战心惊地跑回家去了。母亲发现孩子的帽子丢了，自然很生气，要是在平时少不了要大声呵斥一番，可当天是大年初一，不能骂孩子，于是母亲强忍着怒气没有爆发。可是母亲仍然觉得这不是好兆头，刚过年就丢东西，那这一年要丢多少东西，所以心里非常郁闷。

这时隔壁的李叔叔来她家串门，感觉到了母亲的脸色不太好看，还有孩子的胆怯，一打听才知道事情的原委。于是笑着说："孩子的帽子丢了，照我看这可是件好事情，这不恰恰意味着孩子要出头吗？今年你的孩子一定学习进步，诸事顺利。"孩子的母亲听了以后，连连赞同："是呀，真对呀，孩子从此就出人头地了。"于是大家都眉开眼笑，家里也恢复了喜庆的气氛。

　　帽子丢了，这本来是一件很扫兴的事情，又是在新一年的开始丢东西，一般人都会觉得不吉利。而隔壁的叔叔有自己的解释，他回避了孩子贪玩结果把帽子弄丢了的事实，而强调了帽子是戴在头上，盖着头发的，现在帽子没了就说明可以"露头了"，如此，大家都将注意力放在了露头的事情上，而忽略了丢东西的事情。一件坏事变成了好事。

　　这种曲解本意的方法，有时候也可以说是"装糊涂"。虽然明知道对方问的是什么，可就是假装不知道，避开实质，只说些现象。对方通常都会识趣地不再追问。对于很多敏感话题，比如问女生的年龄，或者收入，如果他人不乐意回答，又不想直接拒绝说"我不告诉你，这是我的私事"等比较生硬的话，就可以曲解一下本意。

　　比如娱乐圈里的很多女明星都不太喜欢别人问年龄问题，可总会有记者想方设法地要问出对方的年龄。这时候女星不妨说："年龄不是问题，问题是我还能给观众带来什么新的作品。"这样一回答，既不会暴露出自己的真实年龄，又会让观众觉得这个明星真敬业，从而赢得观众的喜欢。

　　我们虽然不是外交家也不是公众人物，回避一些不好回答的问题也可以起到自我保护的作用。

如何巧妙地回击冷言冷语

生活中的冷言冷语不但易伤自尊心，还经常让我们下不来台。冷言冷语多得难以分门别类，但有一点是可以肯定的，这些话都会使你心烦意乱、情绪低落。本能地进行反击，其后果往往是讽刺挖苦、侮辱打击的恶性循环。正确的办法是以适当而有力的语言回击冷语，避免自己受到伤害。如果你下次遇到冷语，不妨照下面说的方法去试试。

1. 探究缘由

心中窝火容易使人出语伤人。如果你的确不明白是什么地方得罪了别人，最好的办法就是直接问他这是为什么。记住，并不是每个人都存心要找你的麻烦，因此，要尽快找出根源。

女招待之所以冲你发火，也许是因为昨晚她在男朋友那里受了委屈；司机超车插到你前面也许并不是为了和你比高低，而是送重病的孩子去医院……当你这样去假定他人是无辜的时候，你就会为你的宽厚和善意而感到快慰。

2. 正视挑衅者

顶住侮辱并非易事。办法之一是针锋相对，用严肃的对答来对付消极的评价。你可以说："你有什么理由来伤害我的感情？"或说："要知道你的话也许会对别人有用。"

作为一种选择，你可以要求挑衅者澄清他的原意："你这话是什么意思？"或说："我希望能弄清你的意图。"一旦挑衅者意识到你识破他的意图时，他们就会停止挑战。没有比阴谋被识破更丢脸的了。

3. 运用幽默

利用幽默可以避免冷语的伤害，还可以拒绝自己不想听到的话。

有人曾很不客气地评价玛丽的新裙子："一条新裙子？这布料更像是用来包椅子的。"

玛丽回答说："那好，坐到我膝盖上来。"

路茜的母亲苛刻得简直像有洁癖，这使露茜有些受不了。

一天，母亲发现女儿房间里有蜘蛛网。"那是什么？"她故作吃惊地问。

"一项科学工程。"路茜幽默地回答说。

4. 顺水推舟

接住话头是个好主意。例如，如果你妻子说："你重了20斤了，亲爱的。"你就回答说："准确地说是重了近25斤。"语言之所以有力，是因为你承认了它的力量。当你顺水推舟时，你就能使它失去阻力。

5. 不屑一顾

他人的评论并不"属于"你，因此你完全可以不理睬它。原谅是我们应该培养的最重要的生存技巧。

如果你还没有完全准备好，那就让说话人知道你听见他的话了，但不想作反应。下一次他再伤害你，你就佯装正在揩去袖子上的污点。当他问你在干什么时，你就说："噢，我以为什么东西在咬我，我肯定搞错了。"他就会知趣而退。

你也可以装作没兴趣。眨眨眼睛，打个呵欠，环顾左右，皆在告诉他："你怎么这样讨人厌？"任何人都不愿自己遭人厌的。

6. 拒绝接受

有人觉得口头上贬低、指责别人会更显自己的高大，所以他们口袋里装满轻蔑，他们随时都可能取出来抛给别人。拒绝接受他们的侮辱伤害，巧妙地还给他们，这样你就会减少紧张，增加快乐。

一个男人出语伤害布达赫后，布达赫说："孩子，如果有人拒绝接受一份礼物，那这份礼物会属于谁呢？"

那人回答说："当然是属于送礼物的人。"

"那就好了，"布达赫说，"我拒绝接受你的指责。"

灵活的语言能让你避免麻烦，远离伤害，还可以不破坏原有的关系，学会运用它，会使你的生活变得更美好。

怎么应对咄咄逼人的话

在交往中，我们不可避免地会遇到咄咄逼人的谈话场景，谈话者一般有备而来，或是对自己的条件估计得比较充分，有信心战胜你。谈锋一般是指向一个地方，对你的要害部位实行重点攻击，会令你开始就处于被动位置。

对付的方法有多种，根据具体情况的不同你可以加以选择。

1. 以退为攻

假如对方的问话是你必须回答的、不能推辞的，而又要对方跟着你的思路走，你可以装作退却。对方乘机逼过来，你把他带得远了，让他完全进入了圈套，然后再回过头来对他反击。

2后发制人

这是使自己能站稳脚跟的最有效办法。一般在两种情况下，最为有效。

（1）当对方到了已经不能自圆其说的时候。咄咄逼人者，开始锋芒毕露，也许你根本找不到他的破绽。但是，他总有不攻自破的地方，总有软弱的地方，只是你还没发现而已。等待时机，一旦其光芒收敛，想有喘息的时候，这时候你就可以反攻了。

（2）当对方已是山穷水尽的时候。这时候对方已经进攻完毕，而你发现，他连你的伤口的部位还没找到，他的锋芒所指，只不过是你的微不足道的一个小错误，或者他打击的部位并不全面，从本质上动摇不了你，这就是所谓的"山穷水尽"。

3. 针锋相对

针锋相对即是以对方同样的火力，向对方进攻，对方提什么问题，你就给予十分肯定或否定的回答，丝毫不让，不拖沓也不拖泥带水，使对方无理可寻、无懈可击。

把问题还给对方，这是谈话中一个很普遍、很实用的技巧。当对方的问题很难回答，问的角度很刁，你回答肯定、否定都可能出差错时，那就不要回答，把问题再还给对方，将对方一军。

比如，有一个国王故意问阿凡提："人人都说你聪明，不知是真是假？如果你能数清天上有多少颗星星，我就认为你聪明。"阿凡提说："如果你能告诉我我骑的毛驴有多少根毛，我就告诉你天上有多少颗星星。"

4. 抓住一点，丝毫不让

当对方话锋之强烈，火药味之浓，使你无法反击，他提出的重大问题，你无法一一回答，这种情况下怎么办？迅速找到他的谈话内容中的一个小漏洞，即使再微不足道也无所谓，可以把这一点无限扩大，使其不能再充分展开其他方面的进攻。你就在这一点上，来回与他周旋，并迅速地想出应付其他问题的办法。

5. 胡搅蛮缠

胡搅蛮缠是当你理亏时，被对方逼到了死角，而又实在不想丢面子，就可以乱缠一番，把没有理的说成有理的，把本来不相干的事物联系在一起，说成是很有联系的事物，把不可能解决的、不好解决的问题与你的问题扯在一起，以应付对方的进攻。

胡搅蛮缠是一种不得已的办法。在某种程度上，是不正当的，但却也不失为一种自我保护的方法，特别是当对方欺人太甚、丝毫不留情面的时候。另外，用胡搅蛮缠的方法，可以先拖住对方，使你有时间考虑更好的应付办法。

用戏谑冲淡尴尬境地

尴尬是生活中遇到处境窘困、不易处理的场面而使人张口结舌、面红耳赤的一种心理紧张状态。此时，如果能调整心态、急中生智，以戏谑来冲淡它，应该可以收到良好的效果，从而化解当时的紧张气氛。

如果能使人发笑，渐渐地，人们也就会将刚才的尴尬场面忘掉，气氛会慢慢恢复正常。

相信你一定遇到过那样的场面，你或你周围的人突然一不留神，在众目睽睽之下滑倒。幽默可以巧妙地把这种陷自己于不利的因素，用一种荒诞的逻辑歪曲成有利因素，机智地将自己从困境中解脱出来。

一次，美国前总统里根在白宫钢琴演奏会上讲话时，夫人南希一不小心连人带椅跌落在台下地毯上，观众发出惊叫，但是南希却灵活地爬起来，在众多宾客的热烈掌声中回到自己的座位上。正在讲话的里根看到夫人并没有受伤，便插入一句俏皮话："亲爱的，我告诉过你，只有在我没有获得掌声的时候，你才可以这样表演。"

1944年秋，艾森豪威尔亲临前线给第29步兵师的数百名官兵训话。当时，他站在一个泥泞的小山坡上讲话，讲完后转身走向吉普车时突然滑倒。原来肃静严整的队伍轰然混乱，士兵们不禁捧腹大笑。面对突发情况，部队指挥官们十分尴尬，以为艾森豪威尔要发脾气了。

岂料，他却毫不介意地爬起来，幽默地说："从士兵们的笑声看来，可以肯定地说，我与士兵的多次接触，这次是最成功的了。"

在两性之间，吵架在所难免，有一方发火，另一方也跟着吵，无异于火上浇油，情况会越来越糟，关系越闹越僵，倒不如以谐息怒，大家更容易冷静下来，在笑声中很快消气。

约翰下班回家，发现妻子正在收拾行李。"你在干什么？"他问。"我再也待不下去了，"她喊道，"一年到头，老是争吵不休，我要离开这个家！"约翰困惑地站在那儿，望着他的妻子提着皮箱走出门去。忽然，他冲出房间，从架上抓起一只皮箱，也冲向门外，对着正在远去的妻子喊道："等一等，亲爱的，我也待不下去了，我和你一起走！"怒气冲天的妻子听到丈夫这句既可笑又充满对自己的爱心和歉意的话，像气球被扎了一个洞，很快就消气了。

当约翰的妻子抓起皮箱冲出门外之时，我们不难想象，约翰是多么的难堪、焦急！但他既没有苦劝妻子留下，也没有作任何解释、开导，更没有抱怨和责怪，而是说："等一等，亲爱的，我也待不下去了，我和你一起走！"这哪像夫妻吵架，倒像一对恩爱夫妻携手出游。约翰这番话以谐息怒，不但会让妻子感到好笑，而且体会和理解丈夫对妻子的爱心和歉意，以及两人不可分离的关系。听到这番话，妻子怎能不回心转意呢？

只要语言把握得当，戏谑调笑的化解法大多数人都拒绝不了它的"攻效"，因为它能使人开怀大笑、舒展情绪，在笑声中淡化尴尬与窘迫。

童言无忌，如何遮丑

周末，单位里的几个同事到家里来玩。女主人玉琴正在热情招待，忙得不亦乐乎。玉琴5岁的小女儿笑笑看到家里来了客人，别提有多高兴了，兴奋得手舞足蹈。她一会儿为客人表演歌舞，一会儿模仿模特走秀，把客人逗得哈哈大笑。

笑笑一看大家这么喜欢她，就骄傲地站在妈妈的同事面前，奶声奶气地大声问："叔叔、阿姨，你们能赚很多很多钱吗？"

"当然不能呀！我们都没有笑笑将来赚得多。笑笑将来当大领导，我们全给你打工，好不好？"同事们逗着这个开心果。

"我爸爸就是大领导，他会赚很多很多钱，10个大皮箱都装不下！"

"真的，你爸爸是做什么的，我们都去给他打工好不好？"

"我爸爸是做彩旗的，街上飘飘的彩旗全是我爸爸做的。你们会做吗？"

"做彩旗的？"同事们面面相觑，不理解。

"笑笑，你在胡说些什么呀！"玉琴走出厨房，听到女儿的话，心里咯噔一下，赶紧开口制止女儿说下去。

"妈妈，我没有胡说，你昨天晚上不是说爸爸'家里红旗不倒，外面彩旗飘飘'吗？你还说爸爸要变天，是白日做梦！妈妈，爸爸是不是认识雷公，不然怎么能够变天呢？"

玉琴尴尬地僵在那里，客人们也不知说什么才好。顿时，屋内的气氛一下子凝固了……

虽然说是童言无忌，可笑笑的话也确实够让人无奈又生气。家里的争吵丑事全都暴露在了同事们的面前，如何才能"找块遮羞布"遮一下这个家丑呢？

其实也不难，有句话叫"假作真时真亦假"，倘若据你察言观色，发现他人的脸色不对，似乎已有几分相信了孩子的话，你觉得不好解释，或一时没有找到合适的理由来解释，何不半真半假地承认此事。小孩子的惊世骇语远不会这么简单结束。如果光用虚晃一招来打马虎眼，一般人在大多数情况下都会有逆反心理，你越是解释，他越是不信；如你干脆承认确有其事，他反而会产生怀疑。所以你不妨利用此等心理，弄他个半信半疑，自己也痛痛快快地下台。只要你处之泰然，表现得大大方方的，他人就不会对此事确信无疑，甚至怀疑也会随之烟消云散。

切忌立即指责、呵斥，甚至是打骂孩子，如此只会显得

"此地无银三百两"。还有切忌极力解释，这样只会显得欲盖弥彰，会让家丑外扬。

应对别人的当众指责

受人指责总归是件不快之事，而受人当众指责，那更是令人不快，甚至会让人窘迫难堪，尴尬至极。这是一个协作生存的社会，无论是工作还是生活，无论是何时还是何地，人都难免犯错，触及他人的利益，从而引起不满，导致他人对你的指责。当然，也存在这样一种情况，错并不在你，而是一些无聊之徒，他们或抱着一种嫉妒，或抱着一种偏见，来当众对你进行攻击，目的就是要让你颜面扫地。

当有人当众对你大加指责，甚至是来一顿劈头盖脸的斥骂，你要招架住，采取灵活的应对措施，让这个令你无地自容的尴尬氛围及时得以化解。

一次，一位不速之客突然闯入洛克菲勒的办公室，直奔他的写字台，并以拳头猛击台面，大发雷霆："洛克菲勒，我恨你！我有绝对的理由恨你！"接着那人恣意谩骂他达10分钟之久。办公室所有职员都感到无比气愤，以为洛克菲勒一定会拿起墨水瓶向他掷去，或是吩咐保安员将他赶出去。然而，出乎意料的是，洛克菲勒并没有这样做。他停下手中的活儿，用和善的神气注视着这位攻击者，那人越暴躁，他便越和善！

那无理之徒被弄得莫名其妙，那股怒气也就渐渐地平息下来。因为一个人在发怒时，遭不到反击，他是坚持不了多久的。于是，他咽了一口气。他来此做好了与洛克菲勒争斗的准备，并想好了洛克菲勒将要怎样回击他，他再用想好的话语去反驳。但是，洛克菲勒就是不开口，所以他不知如何是好了。

末了，他又在洛克菲勒的桌子上敲了几下，仍然得不到回应，只得索然无味地离去。而洛克菲勒呢？就像根本没发生过任何事一样，重新拿起笔，继续着他的工作。

当有人怒气冲冲地当众对你大加指责时，你可像洛克菲勒一样采取不合作的态度，不理对方的无礼攻击。施以如此态度，实则也就是给他迎头痛击。见到你的如此反应，也就会自感无味，悻悻而退。要想每战必胜，我们可以从掌握以下几点方法来入手。

1. 虚心请教

特别是上司或长辈对你进行当众指责时，无论他的指责正确与否，也无论是否服气，不妨采用虚心请教的方式。在对方的眼中，你的请教就意味着一种真诚的道歉。

2. 移花接木

别人的当众指责，也可用幽默化解，来个张冠李戴，将原本只适合于甲种场合的话，移到乙种场合来说。

3. 积极辩护

被上司批评或指责，虽然应该诚恳而虚心地听取，但并非不管他说得对不对都要一股脑儿接受，必要时应该勇于作出积极的辩护。但是辩解时切忌加上"你居然这么……"这样，在指责人看来，你只是顽固不化，找理由为自己辩护。

4. 不予理睬

当有人当众对你大加指责时，你可不理睬对方对自己的无礼攻击。你如此反应，只会让对方索然无味，悻悻而归。

5. 用好"对不起"

面对指责进行道歉时，只要说："对不起。"切忌说："虽然那样……但是……"这种道歉话，只会让人听起来觉得你好像是在强词夺理，无理搅三分。

如何巧妙应对刁难者

在社交场合，有时我们会遇到别人有意无意地抢白、奚落、挖苦、讥讽，这时该怎么办？

有随机应变能力的人，能调动自己的智慧，化被动为主动，使尴尬烟消云散。"兵来将挡，水来土掩"，你可视不同的对象选择不同的应付办法。

1. 仿拟话语

仿照对方讽刺性的话语形式，制造出一种新的说法，反而将对方置于一种不利的位置上，从而使对方落入"聪明反被聪明误"的自造的陷阱中。

2. 歧解语义

它是指故意将对方讽刺性的话作出另一种解释，而这种解释又恰巧扭转了矛头，指向对方，这等于让对方自己打了自己的嘴巴。

3. 以毒攻毒

当对方用恶毒的话攻击你的时候，不妨顺水推舟，借他的话回敬对方。

智慧链接

守约才有利

1914年9月2日英德两方谈判时，德国首相提出："你们是否要为一张废纸（指保证比利时中立的《条约》）和我们开战？"乔治五世对于这样的提问没有辩解或回避，而是这样演讲：在座诸位没有人比我更不情愿、更反感地看到我们被卷入一场大战的前景了。在我一生的政治生涯中，我一直抱着上述的态度。没有人会比我更坚信，我们不可能既避免这场战争的发生，又不使我国荣誉受到损害。我完全清楚，历来一个国家如果卷入战争，就必然要乞灵于荣誉这个堂而皇之的名义。

不少罪行都是在荣誉的名义下犯的。现在就有些犯罪活动正在进行。然而，国家的荣誉毕竟是一个客观存在的现实，任何国家无视这个现实，都是注定要灭亡的。为什么这场战争牵涉到我国的荣誉问题？这是因为我们承担着光荣的责任，要保卫一个弱小邻国（指比利时）的独立、自由与领土完整。这国家很弱小，不可能强迫我们这样做。但是如果有人因债权人太穷，无力强迫他还债，便拒绝清偿债务，此人便是一个卑鄙的恶棍。

我们郑重地签订过一项保卫比利时的《条约》，但是在《条约》上签字的不仅是我们。为什么奥地利和德国不履行《条约》规定他们应守的义务？有人提出我国引用这项《条约》纯粹是借口，说我们施诡计、耍手腕，有意掩饰我们对更为文明发达的国家的妒忌心，我们正企图摧毁这个国家。我们对此的回答是我们在1870年的行动。当时我们也曾呼吁法国和普鲁士遵守这项《条约》。

那时比利时的最大威胁来自法国而不是德国。我们要求德、法两个交战大国同时声明他们无意侵占比利时领土。俾斯麦怎样回答呢？他说，既然有生效的《条约》，向普鲁士提出这样一个问题，便是多此一举。法国也作出了类似的回答。在布鲁塞尔市政府给维多利亚女王的一份著名文件中，比利时人民对我们干预此事表示了感谢。1870年，法国军队在比利时边境受到普鲁士炮火的严密封锁，断绝了一切突围的出路。唯一的办法是破坏比利时的中立，进入比利时国境。但当时法国人情愿灭亡与屈辱，也不愿破坏《条约》。当时法国皇帝和将军们以及成千上万英勇的法国人宁愿被俘，也不愿国家声誉受损。在撕毁《条约》有利于法国的时候，法国没有这样做。但今天，撕毁《条约》有利于德国，德国却这样做了。

他以一种侮慢的态度公开承认这一点，他说《条约》只是在有利于你时才对你有约束力。德国首相说，《条约》不就是一张废纸吗？你们身上有没有带着5镑的纸币？带着印刷精美的小张1镑纸币？要是有的话，烧了它吧。还不是几张废纸！它们是用什么造成的？残片碎布罢了！

可是它们价值几何？价值不列颠帝国的全部信誉呀！几张废纸！这几个星期我一直在和几张废纸打交道。我们发现全世界的商业突然停顿下来，机器停止了运转。为什么？因为商业机构是由汇票来推动运转的。我也见过一些汇票，破破烂烂，皱皱巴巴，上面乱涂乱画，斑斑点点，肮脏不堪。但是这些废纸却开动了载满千万吨珍贵货物的巨大海轮，往返航行于世界各地。这些废纸后面的动力是商人的信誉。

《条约》是代表国际政治家信誉的货币。德国商人和世界上任何其他国家的商人一样有着同样诚实正直的名誉。但是如果德国货币贬值到和她的政治家的信誉一样的水平，那么从上海到瓦尔帕莱索，再也没有一个商人会对德国商人的签字看上一眼了。这就是所谓一张废纸的理论。这就是伯恩哈迪公开宣扬的理论：《条约》只在有利该国时才有其约束力。这关系到一切公共法律的根本问题。这样走下去，就直通野蛮时代了。正如你嫌地球的磁极妨碍了一艘德国巡洋舰，便把它除去一样，各个海洋的航行就会变得危险、困难，甚至不能航行。如果在这次战争中，这种主张占上风，整个文明世界的机制便要土崩瓦解。我们正在同野蛮作战。

只有一个办法能扭转这种情况：如果有哪些国家说他们只在《条约》对他们有利时才守约，我们就不得不使局势变得只有守约才对他们有利。